JN255809

プロフェッショナル 介護人

木下博之
HIROYUKI KINOSHITA

幻冬舎 MC

はじめに

あなたは、何がきっかけで介護の仕事を始めましたか？
もともと介護や福祉に興味のあった方もいれば、他の仕事との良きご縁が得られず、やむを得ず介護業界に入ったという方も少なくないでしょう。

介護職は一般的にあまり人気のある職業とは言えないかもしれません。仕事は体力的に厳しいうえに、介護を必要とするご高齢者とのコミュニケーションも容易ではなく、「目上の方のお世話をする」という点でも精神的な負担は軽くありません。しかしながら給与水準は決して高いとは言えず、仕事の厳しさを考えれば割に合わないと考えられているレベルだと思います。「平成28年度の賃金構造基本統計調査（厚生労働省）」によれば、福祉施設で働く職員の平均月収は26万9000円。全産業の平均が40万8000円ですから、極めて低いと言わざるを得ません。平均勤続年数も5・9年と短く、一度介護職に就いたとしてもその先のキャリアが描きにくくなってしまっているのが介護業界の実情です。

こうしたことから介護業界は、積極的に介護職に就きたいという人が少なく、また就いたとしてもすぐに辞めてしまって人材が育たないという悪循環に陥っています。


その一方で、介護を必要とする高齢者の激増を背景に、介護職に携わる人材の需要はますます高まっています。

2018年1月時点で、要介護（要支援）と認定された人の数は約640万人に上ります（厚生労働省）。介護保険制度がスタートした2000年時点では218万人であり、以降17年の間に約2・9倍に急増。さらに、団塊の世代が75歳以上の後期高齢者となる2025年には75歳以上の後期高齢者が2179万人（全人口の18・1％）に達し、また、65歳以上の高齢者の5人に1人、約700万人が認知症患者になると予想されています。これに伴い、同年には253万人の介護人材が必要になると推定されていますが、現状のままでは約38万人が不足するというのが厚生労働省の試算です。

これほど社会的に必要とされる仕事でもあり、また人と人とが心から触れ合う仕事である介護職に魅力と喜びを感じ、やりがいを持って働いている人も多くいます。しかし生涯の仕事として考えたときに「介護という仕事を通じ、どのように自分や家族の将来を考えていくべきか」と悩む人も少なくありません。

私は大学卒業後、証券会社に就職し、個人や法人のお客様に対し金融商品や金融サービスを提供する業務に従事していました。その後幾年かを経て、総合建設・不動産会社に入社し、元々上場企業の社員寮として使われていた不動産を取得。介護ニーズの高まりを背景とし、社会的貢献もできる新規事業として弊社グループで老人ホームの運営を始めることにしました。しかしながら、弊社グループには老人ホーム運営の経験もノウハウもなく、どのような施設にするかというコンセプトづくり、施設の基本設計から大規模リニューアル計画、関係当局との協議や調整、老人ホーム運営会社の設立、経営理念や運営方針の策定、人材の確保、ご入居者の募集などすべてを一からスタートさせなければなりませんでした。

そのため介護現場と介護実務に精通し、老人ホーム運営会社の代表に就任する私の右腕となってサポートしてくれる人が必要でした。そんななかで出会ったのが、本書の執筆にも協力していただいた布施君江さんです。布施さんは、出会った当時既に20年近く介護の現場で働いてきた業界屈指の「プロフェッショナル介護人」。

布施さんとの出会いによって、介護業界や介護職に対する私の考えが大きく変わりました。布施さんと二人三脚でゼロから作り上げていった老人ホームの現場での一つ一つの場面が、介護の仕事の本質を私に教えてくれたのです。

私は介護の現場で働く職員たちとの出会いにより、介護という仕事の尊さを知りました。お独りで人生の最晩年の時を過ごすご入居者に心からの安らぎのある暮らしをお届けし、そして平安な心で旅立ちのときを迎えられるようにする――それが介護の仕事です。

介護はとにかく大変な仕事だという印象が強く、そうしたなかで介護職に就く人は偉い、本当によくやっていると世間では言われます。しかし、介護はただ大変な仕事ではなく、「ありがとう、私はとっても幸せだったよ」という気持ちで旅立つご高齢者にそっと寄り添うことができる、感動と喜びのある仕事です。介護のプロフェッショナルたちは、そのために、自分の心と体をコントロールしながら、ご高齢者に寄り添い続けるのです。
　これからの日本で、介護の知識と技術を備え、人間味溢れるプロフェッショナル介護人はますます求められる存在になっていくでしょう。生き生きと介護の仕事をし、充実感を感じながら、介護のプロフェッショナルとしてキャリアを着実に築いてきた布施さんの姿を見て、「介護は未来ある素晴らしい仕事」であることを伝えたいと思い本書の執筆に至りました。

　本書は、布施さんにご協力をいただきながら、今現在介護現場で働く人やこれから働きたいと考えている人に向け、私が出会った「プロフェッショナル介護人」たちの思いや考え、仕事に対する姿勢や心構えを経営と現場の双方の視点からお伝えするものです。私たちにも多くの試行錯誤がありました。特にそのなかから、介護のプロフェッショナルとしてキャリアを築くために是非とも知っておいてほしいと思う事柄を、「メンタル」「サービス」「知識」「組織づくり」の４つの項目に分け、実際のエピソードをふんだんに交えながらまとめています。

本書が、介護の仕事に従事している方へのエールとなり、これから介護のプロフェッショナルを目指す人の力になることを、また、現在自宅でご両親や配偶者、ご家族の介護をしている方々へ介護に従事することの尊さをお伝えすることができれば、これに勝る幸せはありません。

なお、本書では2008年の有料老人ホーム「若葉の丘」のオープンから2016年まで、私が経営者として同老人ホームの運営に携わっていた8年間の歩みを題材にしています。本書執筆の2018年7月現在、私自身は同老人ホームの運営には関わっていないことをお断りしておきます。

プロフェッショナル介護人　目次

［第2章］まずは自らの「介護理念」を持つ。
あるべき介護人の姿を描くことがプロへの第一歩【メンタル編】

［第3章］　介護はケアではなくサービス。

ご利用者の感動と笑顔を生んでこそプロである【サービス編】

［第5章］　一人では介護職は成り立たない。

職場のモチベーションまで高めるのがプロの介護人　【組織づくり】

［第1章］

介護職でプロフェッショナルを目指すべき理由

介護職へのニーズはますます高まっている

日本の人口減少に歯止めがかかりません。

国立社会保障・人口問題研究所がまとめた「日本の将来推計人口（2017年推計）」によると、今から35年後の2053年には1億人を割り、47年後の2065年には8674万人になると推計されています。47年後と言えば、今生まれた子供やその子供が活躍する時代。決して遠い未来ではありません。

そのなかで高齢化は確実に進んでいきます。65歳以上のご高齢者が総人口に占める割合（高齢化率）は、現在27・3%。2036年には33・3%に達し、3人に1人となる見込みです（内閣府「平成29年版高齢社会白書」）。介護認定を受けるご高齢者の数は現在約630万人で、すでに国民の約20人に1人という高い割合であり、当然この数字も増加していきます。

日本人の平均寿命の長さは世界トップクラスですが、健康寿命（健康上の問題で日常生活が制限されることなく生活できる期間）では、男女とも約10年短くなります。つまり、晩年の10年間は誰かの世話になりながら生きるという可能性が非常に高いのです。

　平均寿命が80歳、85歳だと聞けば、今60歳の人は、自分の人生はあと20年、25年もあると計算するでしょう。しかしながら、確かに「生きている」かもしれませんが、健康で自立した生活をしているとは限りません。

　自分の配偶者、あるいは親の介護をどうするかということが、限られた少数の家庭の問題ではなく、多くの人が解決を迫られる問題になっていくことは明らかです。核家族化が進み、ご高齢者だけが単独で暮らす世帯が増えるなかでは、より多くの介護施設が求められ、そこで働く人が必要になるでしょう。

　しかも政府は、公的な介護支援の限界を見越して「介護の在宅化」へと大きく政策の舵をきっています。在宅介護を軸に地域で包括的に支援する体制を整備するという大方針を掲げ、すでに着手しました。今後は、介護施設だけでなく自宅等での介護もますます増えていくでしょう。

介護職は４Ｋ⁉――「きつい、給料が安い、汚い、帰れない」

現在、介護施設は足りず、人手も不足しています。しかも介護職は、多くの職種のなかでも決して人気があるとはいえません。労働環境は厳しく、徐々に改善が進められているとはいえ給与水準は全産業平均を大きく下回る状態です。

「きつい、給料が安い、汚い」という「３Ｋ職場」どころか、夜勤があることから「帰れない」を加えて「４Ｋ職場」などと呼ばれています。介護職に就く人の収入は全労働者の平均月収に比べて約七割程度と際だって低くなっています。

介護業界に対するイメージ調査（株式会社リクルートキャリア「介護サービス業　職業イメージ調査２０１５」）を見てみると、「体力的にきつい仕事が多い」「精神的にきつい仕事が多い」「他人の人生に関わるのが大変そう」「給与水準が低め」「個人の向き・不向きがはっきりする」といったネガティブなイメージが、他のサービス業に比べて最も高い業界になっています。職員の離職率が高いことも事実で、厚生労働省の調査「平成26年度雇用動向調査」では、全産業の平均が15％であるのに対して、介護職は16・７％と大きな差が出ています。

「プロフェッショナル介護人」との出会い

政府は、職員の待遇改善、離職者の再就職支援、介護福祉機器の導入支援や介護ロボットの開発支援など、さまざまな政策を打ち出しています。いずれも必要な対策でしょう。

しかし、より根本的には、介護職が敬遠されることなく、誰もがそこに、魅力とやりがいを感じながら働く場になっていくことが必要ではないかと思います。「大変だけど、頑張ってもらう」のではなく「介護は大きな喜びを感じるやりがいのある仕事、自らを成長させてくれる意義ある仕事」であることを一人でも多くの人に浸透させていくことを社会全体として取り組んでいくことが、介護人材不足を解決するための、遠回りに見えて最も近道といえるのではないでしょうか。

老人ホーム運営事業に携わる前までは、私自身も「介護という仕事はとにかく大変」という認識でした。しかし、介護の現場で職員や高齢のご入居者との交流が深まるなかで、給与水準の低さや厳しい労働環境にもかかわらず、職員がいかに喜びとやりがいを感じながら介護という仕事に向き合っているかを知りました。
仕事自体はとても厳しいのは確かです。お体の不自由な方の体を起こしたり支えたりするために、体力が要ります。体が衰弱している方の場合には、より細心の注意も必要です。聴力が衰えていたり、認知症を患っている方もいます。そのため、ご高齢者とのコミュニケーションがスムーズにいかない場合も少なからずあります。日中通って来られるご利用者に介護サービスを提供するデイサービスと異なり、老人ホームなどの介護施設の場合は夜間勤務もあります。夜勤の場合は日中よりも職員が少人数になり、更に厳しく慌ただしい環境になります。にもかかわらず、どんな場合でも、ご高齢者と上手くコミュニケーションを取りながら、介護職員として笑顔で溌剌と働いている人が少なくないのです。

弊社グループで老人ホーム運営の準備をするなかで、介護の現場で20年近くの経験を有する布施君江さんと出会いました。そして、老人ホーム運営会社を設立し、私が代表取締役に就任。彼女を現場責任者である施設長として起用しました。

布施

介護は３Ｋとか４Ｋとよく言われますが、私たちのように実際に介護に携わる人間が抱く介護理念と、外部の人が介護職を見る目というのは、ずいぶん違うと感じます。

介護の仕事には排泄の介助もある、厳しく、辛い職場環境。お給料も低い。介護の仕事に従事していない人はそれらのことに目がいくと思います。実際、『大変でしょう。よくやっているよね。排泄のお世話もあるんでしょう?』『一日中動きっぱなしなんでしょう?　お給料もさほど高くないんでしょう?』『ご入居者にもし万が一何かあれば帰宅することができないんでしょう?』と言われることも多いのです。

しかし、実際に介護の仕事に従事している私たちは、それらのことはすべて飲み込んだうえで仕事をしています。厳しいことは知っているし、お給料も最初に提示されたものを納得したうえで仕事に就いています。

それらのことに対して否定的になったら、恐らく離職していくでしょう。介護職を自らに与えられた仕事として真剣かつ謙虚に受け止めている人は、それらを全部含めたうえで、介護業界に飛び込んできています。

確かに、施設長をはじめとする介護職員たちの献身的な仕事ぶりを見るにつけ、そのことを痛感しました。介護の仕事に従事する多くの人は、介護現場の厳しさなどはすべて承知しているのです。それが理由で退職する人は、恐らく最初から介護業界に飛び込んで来ないでしょう。もちろん、全く知らないで介護の現場に入って来られた方は数日で退職してしまうかもしれません。初めて排泄介助をした方で、「もう、駄目！　私にはできません」と言って、翌日から来なくなる職員もいると聞きました。しかし、そういう大変さよりも、介護の仕事のなかで得る喜びや感動のほうがずっと大きいことを知っている。それが介護の仕事に従事する人の心を支えているのです。

大変さに耐えているという点において介護の仕事に従事する人を賞賛するのは的外れでしょう。そこに感動や喜びを見いだすことができる点において、介護の仕事に従事する人たちは素晴らしいプロフェッショナルなのです。「彼らの感じている喜び」――それを知ること。プロフェッショナル介護人に近づくための最初のステップかもしれません。

ＩＴ化が進んでも介護職は人間しかできない

昨今の技術発展を受け、政府はますます実用性能が高まる介護ロボットを、現場へ普及させるための取り組みを進めています。

サービスロボットの研究や開発が進み、やがてはロボットが浸透してくるでしょう。少子高齢化で働く人たちが減っていくなかで、多くの仕事をロボットに任せていくようになるでしょう。その流れは止まりません。入浴介助で体を持ち上げるときのサポートなどには、ロボットの力が助けになると思います。それによって職員の体の負担も軽減できます。事務処理などもＩＴ化を進めて、介護の仕事に従事する人が事務に費やす時間を減らし、その分、別の業務に携わることもできるようになるかもしれません。介護の現場で役に立つことは少なくありません。

しかし、なんでもＩＴ化、ロボット化できるわけではありません。経営の観点からコスト削減につながるからといって、すべてをＩＴ化、ロボット化すれば良いとはいえません。人間にしかできないことがあります。特に介護の現場で大切なのは、「人の温もり」です。

赤ちゃんがお母さんに抱かれたときの温もりが一生、体のどこかに記憶されていくように、人の温もりの力はとても大きいものです。ロボットに機能の補助はできても、心を通わせることはできません。今後、ロボットが活躍する時代になっても、介護の基本は変わらないはずです。大きな設備投資ができる大企業が最新のＩＴ技術を使って介護を行うといっても、やはり介護を受ける方は体力の衰えたご高齢者であり、生身の人間です。介護のプロフェッショナルは、ロボットで代替できる仕事を介護とは考えていない。介護とは人の温もりであり、人の心と心の触れ合いだからです。

介護は「いかに見送るか」という仕事

２００８年５月頃から、施設長と二人三脚で、本格的に老人ホーム運営の準備に入りました。建物の大規模リニューアル工事では、施設長にも工事中の現場を確認してもらい、手すり、洗面台等の位置や高さをはじめ、細部にわたって老人ホームとしての機能性やデザインを検討、関係当局との協議や調整、オープニング職員の採用、利用料金体系や運営の根幹となる運営理念や基本理念、運営規則等の策定などを行っていきました。

そして、2008年12月に正式オープンの運びとなりました。

私は施設長と手を携えながら老人ホームの運営をしていくなかで、介護の本質に触れていくことになりました。「ご高齢の方が明るく安心して旅立ちできるよう、私たちが支えたい」――その強い思いが施設長自身をも支えていました。施設長は以前も施設長として勤めていた2つの介護施設で合わせて100人以上のご入居者をお見送りしてきました。

旅立つことは誰にとってもとても不安なことです。その時が近づくと、施設長は少しでも安心をしてもらうためご入居者に声を掛け、手を握り抱き締める。生きている時間を、充実して安らぎのあるものにすることはとても大切なことですが、看取りをすることは介護の最も重要な仕事の一つです。安心して旅立つためのお手伝い。何らかの事情により、旅立つ際に家族がそばにいない可能性も十分にあります。そのようなときこそ、介護のプロフェッショナルが重要な役割を担います。また、仮に親子が険悪な仲であったとしても、人生最期は和解して別れたいと多くの人が思うことでしょう。施設長は、いつもそのことに心を砕いていました。人と人がどう別れるか、施設長には、次のような強い思いがありました。

もし自分が死んでいくときに、例えば自分の息子のお嫁さんとうまくいってなかったら、お互いに嫌な思いを残して永遠に別れることになります。そんな辛いことはないですよね。やはり死ぬときは家族みんなが理解し合って、いろいろなことを水に流して、ありがとうと言って別れたい。私自身もそうありたいし、お見送りする側の人もきっとそうでしょう。

介護施設では、いつ何が起こるか分からないため、その瞬間瞬間を、穏やかな気持ちで過ごせるようにして差し上げなければいけないと思っています。もし職員がご入居者へ思いやりのない言葉を吐いてしまい、つらくて悲しい思いをさせてしまったとします。そのご入居者が翌日に旅立たれることになってしまったら、つらくて悲しい思いを抱いたまま旅立たれていくわけです。

もし万が一そんなことが起こってしまったら。想像するだけで胸が張り裂けそうです。

私は34歳のときに両親を亡くし、夫の父親も交通事故で早く亡くしています。一言も言葉を交わせなかったことは悔やんでも悔やみきれませんし、心に残り続けます。

あるご入居者のことです。

末期のがんを患っていて、延命のための治療はしないというお約束でした。その時が近づき、もうなんとなく今晩、明日あたりかということはおおよそ分かりました。だんだん食事も食べられなくなっていきます。『誰か会いたい人がいたら、そろそろ呼んできてあげるよ』と言うと、『会いたい人は誰もいない、職員さんが誰かしらそばにいてくれれば十分だよ』とおっしゃる。『もうすぐお別れかもしれない。でも怖くないからね、大丈夫だよ』と手を握り、抱き締めると、『そうだよね』って返事をしてくださる。『苦しい?』と聞くと『苦しくないよ、全然平気だよ』と。

そして明くる日の朝、お亡くなりになりました。私は、そういう敬虔な場に立ち会うことができる仕事に携われることへの感謝の気持ちで一杯です。そして、人の命の尊さを感じます。私の両親の最期には、駆け付けても間に合わず言葉を交わすことができませんでした。夫の父親との最期は、そばにいたいと思っていても叶いませんでした。私の両親も主人の父親も何か言い残したいことがあったはずです。だからこそ、誰かが旅立つ最期の時にはそばにいて、寄り添ってあげたいと心から思います。人を静かにお見送りすること。それが私に与えられた天命だと思います。

施設長の後ろ姿を見て、また指導を受けて、職員たちは落ち着いて看取りができるようになり、それを介護職に従事する者の大切な役割と考えるようになっていきました。もちろん若い職員のなかには、「死」という場面を経験していない人もいます。

ある日、夜勤明けで、人目もはばからず泣いている若い職員の姿を目にしたときです。施設長が、「どうしたの？」と尋ねると、「夜、お一人で亡くなられて……」と言ったそうです。「それは幸せだったよ。あなたに見送られて、とても幸せに旅立っていかれたと思うよ」と、施設長は優しく声を掛けました。

アメリカ同時多発テロ事件の現場で感じた〝死〟

私の両親はまだ健在です。その意味では、施設長のように、私自身は身近な人たちとの死別を知りません。しかし、実は私には違う形での強烈で恐ろしい〝死〟を近くで感じた体験があります。それは2001年のニューヨークで起こったアメリカ同時多発テロ事件です。当時私は米国系の証券会社に勤めており、研修のためにニューヨーク・マンハッタンに滞在していました。あの崩壊したワールドトレードセンタービルの至近に勤務していたオフィスがあり、朝の出勤時、テロ事件の現場に居合わせたのです。

1機目の飛行機がビルに衝突したとき、私と同僚はちょうど地下鉄の駅からエスカレーターで地上に出ようとしていたところでした。今まで聞いたことのない大きな音が響き渡り、大勢の人が続々とエスカレーターを駆け下りてくる。私も同僚も何が起こったのか分からないまま、恐ろしくなりその勢いに流され、方向を反転してエスカレーターを駆け下りていきました。少し時間が経ち、一時のパニック状態が落ち着いたので、地上に出て下からビルを見上げると、ビルの横腹に巨大な穴がぽっかり空いていて、そこから火と煙が吹き出している。その巨大な穴を凝視していると、そこから次々と人が落下してくる。ビルの中は熱くてどうしようもなく、でも逃げる場はビルの外しかなく飛び降りざるを得ない。次々と飛び降りてくる人たちは亡くなっていく。凄惨な光景でした。一緒にいた同僚と急いでこの場所から離れようとしたその瞬間、2機目の飛行機がビルに衝突。大きな爆音が耳をつんざき、燃え上がる火が目の前に迫ってきます。いろいろなビルの破片が上から落下してくる。このままでは落下してくるビルの破片に当たって死んでしまう。そう思いながら落下してくるビルの破片をよけながら必死に走りました。ただ一刻も早くその場から離れることだけを考えながら。何が起きたのか、全貌を知ったのは、ウォール街から長蛇の列に紛れながら数時間歩いてアパートにたどり着き、テレビをつけたときでした。

多くの人が燃え上がるビルの中にいた。そしてビル崩壊。予期もしない恐ろしい出来事によって死を迎えなければならず、家族や友人仲間たちと別れることになった人たちの無念さはいかばかりか。私が最も身近に感じた〝死〟。それは、無念にもビルから飛び降りるという決断をせざるを得なかった人たちであったり、崩壊するビルと共に亡くなった3000人を超える方々の死です。2001年9月11日は、親しい人に別れを告げることもできずに死んでいくことの悲しみと無念さが、私の心に深く刻まれた日でもあります。

〝死〟という別れで「送り出す」仕事をする

「ご入居者に快適で安らぎのある暮らしをお届けする」というのが私たちの介護の基本理

念でした。そして、まさにそれが実現できるように、死と向き合いながら基本理念に血を通わせ、「ここに来てよかった。ここから旅立つことができるのがうれしい」と心からそう思っていただける場所にしようと、施設長と誓い合いました。

見送るほうも見送られるほうも、「ありがとう」と言ってお別れする。気持ちが通じ合い、温かく見守りながら送り出すことができれば自然に安らかに旅立っていくことができるでしょう。そばに安心できる人がいることによって、安らかな気持ちで旅立っていくことができるでしょう。

私たちが初めてご入居者をお見送りをしたとき、ある職員が社内報にこのように綴っていました。「長い間ご病気と闘いながらも、最後まで意識がはっきりとされて、そして、苦しむこともなく旅立たれました。本当になんとも言いようのない思いがします。お亡くなりになられた朝、厨房にいた給食職員の方もお部屋にうかがい、涙ぐんでいました。職員全員で力を尽くせたことをとても感慨深く感じます」と。私たち全員で目指すべきものが、職員一人一人の目にもはっきりと見えていたのです。

心穏やかな別れをつくりあげる

看取りや死のことばかりを考えなくても、日々の現場運営はできるかもしれません。事故なく楽しく過ごしていただける介護施設運営のノウハウは数多くあります。しかし、温かな気持ちで旅立つことに寄り添っていくこと。そこにこそ私たち全員で目指す理念があり、その理念に根差した現場運営や環境づくりを行っていくことこそ必要だと考えていました。

介護の仕事はただ厳しく、向き合うことになるご入居者の死はとても悲しいことであると考える世界からは本当の介護は生まれません。穏やかに感謝し合いながら別れようという思いを持った人と人とが、手を握り、肩を抱いて「大丈夫だよ、怖くないからね」とお見送りすることこそ私たちが目指したい介護でした。

亡くなっても「介護」は終わらない

ある女性ご入居者が、ある日静かに旅立っていかれました。施設長は「大丈夫だよ」

「怖くないからね」「私たちと一緒に過ごしてくれてありがとうね」そんな言葉を掛けながら、その女性ご入居者の手をずっと握りしめ、そして抱きしめていました。

旅立たれた後しばらく経ってから、そのご入居者の法定代理人であるという方から連絡がありました。身寄りがほぼいないそのご入居者は遺言状を残されていました。遺言状には自宅や金融資産等すべての財産を私たちの〝老人ホーム〟に遺贈しますと書かれていました。遺贈くださったご入居者への多大なる感謝の気持ち、そして、手を握りしめ抱きしめ、温かい気持ちでお見送りした施設長や職員への感謝の気持ちで一杯となりました。

葬儀をすませた後、そのご入居者がかつてご入居される前に住んでいらっしゃったご自宅を訪ねました。ご夫婦仲むつまじくそこでひっそりと生きてこられた生活空間へ入ると、胸が一杯になりました

ご入居される前日までページが捲られたカレンダーが掛かっていました。部屋全体にはうっすらと埃が積もっていましたが、確かにその日までの生活がその場所に残っていました。仲睦まじく生活されていたご主人の物と思われる品々も数多くありました。でも、ご本人はもういらっしゃらない。そのご自宅はかなり老朽化も進み、隣地との境に立つブ

ロック塀ももろくなり、草木が隣地にも越境していたため、残念ながら解体せざるを得ませんでした。解体する前には、時間を十分にかけてご自宅の中にあった品々を見て、お二人の人生を偲びながら、私たちの手元に置かせていただく品、きちんと処理すべき品を一つ一つ手に取って分別していきました。敬虔な気持ちで施設長と長い時間をかけて丁寧に丁寧に。

その後も、毎年施設長と一緒にお墓参りをしています。そして、手を合わせながら心の中で語り掛けます。「その節は本当にありがとうございました」「今楽しく過ごしてらっしゃいますか」と。

亡くなられたご入居者から財産の遺贈を受けたことで、旅立たれた方に対し、亡くなられた後もその方の歩んで来られた人生をしっかりと受け止めることの大切さを学びました。生前の元気なお姿や私たちと一緒に過ごした時間を思い出し、そしてまたご誕生されてから旅立たれた日までの長い人生に思いを馳せ、その方の思いや願いが叶うようなかたちで、旅立たれた後もしっかりと寄り添っていくことも私たちの重要な役割であること。そこまでまっとうして本当の介護のプロフェッショナルといえるのではないかと思います。

なぜ「プロフェッショナル介護人」を目指すべきなのか

何らかの理由があって、望むことなく介護施設で人生の最期の時間を送らなければならないご高齢者が感じる孤独や寂しさにも思いを馳せつつ、また、望むことなく介護施設に両親や配偶者を託す側のご家族の心の葛藤や苦しみも知り、その上で安らぎのひとときをご高齢者にご提供すること、それが介護に携わる者としての重要な使命でもあると思います。

介護のプロフェッショナルには、介護技術のみが求められるわけではありません。人生の最期に立ち会うという経験をどれだけ重ねることができるか。それは自分自身の未熟さを鏡のように映し出す場面でもあります。自分の未熟さを克服しながら、旅立つ人が如何に幸せな気持ちでこの世とお別れすることができるかということを真剣に考える。とても難しく重い責任が伴う仕事ですが、必ずや自らの成長のきっかけを与えてくれる仕事です。他にこのような仕事があるでしょうか。

そして、介護のプロフェッショナルにならなければならないのは介護職に従事する方だけではありません。誰しもが、配偶者やご両親など、身近な方々にとっての「プロフェッショナル介護人」となる日がやってくるかもしれないのです。

［第2章］

まずは自らの「介護理念」を持つ。あるべき介護人の姿を描くことがプロへの第一歩【メンタル編】

介護はお一人お一人で異なることを知る

介護施設へご入居されているご高齢者のバックグラウンドはさまざまです。いろいろな経験や体験を重ね、独自の考えもお持ちです。私たちはご入居者お一人お一人が個性的なのだという当たり前のことを決して忘れてはいけないと考えてきました。自分の老後の生活や人生の最期はこうありたい、という思いを皆様が持っています。それを尊重し、寄り添っていくことが大切です。

自分の体が衰えていっても、そのまま自然体で受け入れていこうと思っている方がいる一方、訓練をし、リハビリをして、頑張って元気に過ごしたいと思っている方がいます。病気があっても、もう治療はいらないという方と、精一杯回復に努めたいという方がいます。介護はお一人お一人求めるものが違います。それを受け止めるところから始める必要があります。

布施

例えば入浴介助一つとっても、同じ手順ではありません。介護する側のやりやすさや効率性の観点から、座ったままで、はい洋服を脱ぎましょう、はい着ましょうとすべきではありません。立てる方は、時間はかかるけれど自分で脱ぎたいし、自分で着たいと思っています。逆に、一人では脱げないからやってください、という方もいます。さらに、本当はできるのにしないという方もいる。できる方、できない方、できるけれどしない方——同じ入浴介助でも、介護の仕方は同じではないのです。介護する側は大変かもしれない。ストレスが溜まることもあるでしょう。でもご入居者お一人お一人に寄り添い、そしてその方々の思いや考えを尊重すべきだと私は考えてきました。

介護はスピードでも効率でもない

介護の世界は、一般の企業のように生産性だけで業務の質を測ることができません。どのような介護をするのか、その質が常に問われます。施設長もこの件については職員にたびたび問題提起をしていました。

布施

同じ排泄介助をある職員は10分かからずにできる。別の職員は15分かかる。では10分でできる職員の介護が優れているのか、15分かかる職員は能力が劣るのかといえば、一概にそうとは言えません。早くできる職員の介助が、介助される方にとって快適かどうか。もしかしたら、せかされ、追い立てられるような落ち着かない気持ちでその時間を過ごしているかもしれないのです。それよりは、15分かかる職員の介助の方が、相手の体力や安全や、さらに気持ちのことまで考えて、少し時間は余計にかかるけれど、一人一人に合わせて丁寧な排泄介助を行っているのかもしれません。その結果としての15分なら、それは一概に遅いと断定すべきものではありません。

もちろん漫然と必要以上の人数や時間を費やすことはできません。「やさしさも、効率も」——常に両方を意識しなければならないところに介護の仕事のレベルの高さと難しさがあり、それだけに挑戦のしがいがあると言えるのかもしれません。

ご入居者一人一人のことを全員が知る

「私担当じゃないので分かりません」施設長が最も嫌った言葉の一つです。

例えば、ご家族がお越しになると、通りすがりに「先日は母がご迷惑を掛けたそうですみません」とか「母はこの頃どうですか?」などと、職員が声を掛けられることがあります。その時、もし「すみません。私は担当が違うのでよく分かりません」としか答えられなかったら、ご家族はどんな気持ちになるでしょうか。

確かにすべてのご入居者の毎日を事細かに知ることはできないかもしれません。しかし、現場で話題になったようなことなら、職員間の申し送りの際にも出ているはずですし、何よりご入居者のことを知ろうという意欲さえあれば、何かしらの情報は自ずと耳に入ってくるはずです。ご入居者の家族のように接したいという気持ちと心構えがあれば、それがどんなに些細な情報であったとしても、必ず情報は耳に入ってくるはずです。職員の誰もが自分の母親、父親のように気遣ってくれている、そう感じたときのご家族の安心感はとても大きいでしょう。それがあるべき「家族の一員としての介護」の姿だと思うのです。

細かな言葉遣いに気をつける

普段の言葉遣いも、男性か女性かで配慮する視点が変わります。

布施

男性はプライドが高い方が多い傾向にあります。職員の言葉遣いをとても気にされ、それを指摘されることもあります。若い職員がつい「ため口」のような口の利き方をすると、軽い認知症の症状がある方でも、顔つきが変わります。そういう言葉に対しては拒否反応があるのです。職員が中高年層の方であれば、自然な気配りができますが、若い職員は悪気がなくても『何やってるんですか』『駄目じゃないですか』『さっき言いましたよね』といった言葉を発してしまいがちです。特に男性はそれを極端に嫌う。厳しい競争社会やタテ社会を生き抜いてきたプライドがあるからです。企業の部長や重役まで勤めた方は特に、ご家族はともかく他人からそんな口の利き方をされたくはないのです。

　これに対して、女性の場合は、プライドを持つというより『私をちゃんと見て』という気持ちを持った人が多い傾向にあると思います。ざっくばらんな話し方でも、それが親しみの表現であり、いい意味に受け止められるケースが少なくありません。つまり、大事なのは相手の立場や思いに寄り添ったコミュニケーションです。本当にたった一言で傷つけてしまうことがあり、逆にわずかな一言で元気が出る場合もある。職員はそれだけデリケートに自分の言葉をコントロールしていかなければなりません。そして、その前提になるのが、まず相手がどんな方でどう生きてきたのか、そしてこれからの余生をどのように過ごしていきたいのかを知ることです。そしてどこまでその思いに寄り添っていけるか、職員一人一人が自らの頭で考えながら介護をしていくことが必要です。

介護される人への敬意を持つ

私も現場へ出向くたびに、できるだけ多くのご入居者と話をするようにしていましたが、じっくり時間をかけていろいろなお話をお聞きすると、ご入居者一人一人の人生が浮かび上がってきます。

ご入居者は、80年、90年という年月を生きてこられた方々です。しかし、介護施設という場所では、ついそのことを忘れがちになります。食事、入浴、レクリエーション、排泄やその介助——日々、停滞させず次々とこなさなければならない多くの事柄があり、「効率性」を追求することが頭をよぎります。しかし、お一人お一人のお話を聞いていると、人生のさまざまな歩みを知ることができ、ご入居者のお世話をさせていただくことの重さを感じます。

ご入居者の多くの方は、戦争の体験がおありです。実際、戦艦武蔵の乗組員で九死に一生を得たという元海軍兵士の方、レイテ島で戦い多くの戦友を悲惨な状況で失いながら帰還した元兵士の方、シベリア抑留で苦労された方、開拓民として朝鮮半島に渡り、敗戦後幼い子を守りながら命からがら脱出してきたという方、戦争体験も本当にさまざまで、お聞きしていると私も夢中になり、あっという間に時間が過ぎていることも多々ありました。

女性ご入居者の多くの方は、日本国内にいながらにして、空襲に怯え、食べる物もない毎日を、とにかく我が子の命を守るために懸命に生き抜いてきた経験を持っています。母親として子供に食べさせる物がないのは、どんなに辛かったろうかと思います。人と人が武器を持って相対し、殺し合うというすさまじい体験をくぐり抜けてきた。今の私たちには想像もつきません。私たちは今、殺されるかもしれない、食べるものを探しに行かなければならない、というような危機迫る世界から大きく離れた世界に生きています。

ご高齢者の過去の体験の上に今がある。戦中・戦後の苦しい歩みの上に、恵まれている今の時代があるということを知り、感謝の気持ちを持たなければならないと思います。「苦労話や体験談」を謙虚な気持ちで聞かなければならないと思います。その方々が今の日本の土台を作ってきたのです。その方々の人生に敬意を持ち、思いを未来へ受け継いでいくことは、現役世代である私たちの役割です。そのことは折に触れて職員にもしっかりと伝えました。以下は、社内報を通じて私が職員に宛てて書いたメッセージの一節です。

「あるご入居者と昼食を食べながら話しをしました。話題は、戦時下の日本の様子、戦後の復興・経済成長、そしてそんな環境下での子育て……。ご入居者がご経験されてきた喜怒哀楽は、モノが充足した生活環境で育ってきた私の喜怒哀楽とは全く別のものです。故に、学ぶべき多くのことがあるし、そのご経験やお知恵を聞き、私たちと同世代の人、次世代の人に伝えていくことはとても大切なことです」

ご入居者は、ただ介護の対象者なのではありません。わがままを言う、注文が多い、失禁した、認知症がある……しかし、多くの苦労を重ねて今の日本という国をつくってこられた方々です。そのことを少しでも心の隅に感じていれば、介護する者としての気持ちも違ってくるでしょう。介護を要するご高齢者を長くて困難な歴史を生き抜いてきた私たちの先輩として敬うこと――プロフェッショナルな介護はそこから始まります。

ある職員が社内報に書いていていました。

「レクリエーションの時間にご入居者様の子供の頃や10代、20代の頃の思い出を語っていただきました。皆様それぞれが当時に戻ったように、生き生きとお話しをされ、お一人お一人の人生を垣間見たようでとても感慨深く思いました」

「戦争という厳しい時代を生き抜き、現在の日本を築き上げた人生の大先輩であるご入居者の皆様。ご家族や多くの方々に見守られて生まれてきたことと思いますが、人生の幕を下ろすとき、身内もなくさみしくその時を待つ方もいらっしゃいます。『人生最初の一ページに家族、そして人生最後の一ページに家族のような職員の皆様がいてくださって本当によかった』の一言をくださり、自分達の名前を記憶してくださるご入居者に出会うことができたことへの尊さを感じながら、ご入居者の皆様と過ごす時間を一瞬一瞬大切にしていきたいと思います」

自分の体調やメンタルをコントロールする

職員も人間です。初めて介護の世界に入ってくる人もいます。ご入居者から介護の仕方や立ち居振る舞いについて否定的なことを言われたり叱られたりすると、落ち込んでしまうこともあります。介護の経験が浅ければ、言われた言葉をそのまま受け止め、「自分は駄目だ」「介護には向いていない」と思い詰め、翌日も暗い顔で出勤するということになりかねません。相手のことを思ってしたことが、結果として悪い場合もあるし、良い場合もあります。介護はその試行錯誤の毎日です。施設長は職員のメンタルのコントロールの大切さを常々語っていました。

布施

ご入居者から厳しい指摘を受けるのはとてもショックです。落ち込んでしまうのも心情としてはよく分かります。でも大事なのは、いつまでもその沈んだ気持ちを引きずらないで、今日は失敗したけれど、失敗して逆に覚えた、良かったと切り替えて、明るく翌日の勤務に臨むことです。それができれば、ストレスはあっても、思い詰めて憂うつな気持ちになるようなことはありません。

明日は今日の失敗を繰り返さないようにしようとか、また明日失敗するかもしれないけれど、でも失敗したらまた一つ学ぶことができます。失敗は自分を成長させるためにあると、私はいつも前向きに考えるようにしてきました。介護の仕事にはストレスがつきものです。でも、同じくらい感動もあります。私があるご入居者の入浴の介助をしたときに、たまたまかもしれないけれど、とても嬉しそうな表情を見せてくださいました。それは感動です。その感動を大事にしていく。失敗して怒られた人も、そればかり思い返してくよくよせずに、ありがとうとお礼を言われて晴れ晴れとした気持ちになったことを思い返す。そうすれば元気が出ます。介護というのは人と人のコミュニケーションだから、これをしたらこうなるという「1足す1が2」という世界ではありません。3になったり5になったりします。時にはマイナスになることもあります。だからこそやりがいもあります。へこんだり、喜んだり、その繰り返しです。私は介護の仕事を始めてから20年以上ずっとその繰り返し。ホテルなら、お客様には滞在中だけ気持ちよく過ごしていただければいい、そのためのサービスをすればいいことになります。しかし介護施設は、ご入居者が旅立たれるときまでお世話をし、人生の最期までを見届ける場所です。明日何があるか分からない。30分後に何があってもおかしくない、いつもそういう緊張感を持っていなければなりません。昨日元気だった人が今日亡くなる、そういうことも起こります。それをどう受けとめていくか。亡くなったことを悲しむ、そういう純粋な気持ちはとても大切です。しかし、悲しみをいつまでも引きずることはできません。それも介護に従事する職員の大切な心構えだと思います。

――

私たちの老人ホームではおよそ90人のご入居者が旅立たれました。施設長は前の職場では100人以上の方との別れがあったそうです。合わせると200人以上の方とのお別れになります。私が驚いたのは、そのすべての方の葬儀に、どんなことがあっても参列していることでした。「行かないと気が済まないんです。私の介護に区切りがつかない。旅行の予定があってもすべてキャンセルして出席しました」。それがプロフェッショナル介護人の姿であり思いです。

ご入居者のご家族との関係を大切にする

介護施設で晩年を過ごす方のなかには、家族間で複雑な事情を抱えている場合が少なくありません。「ちょっと病院へ」と、ご本人をだますようにして私たちの元へ連れて来られる家族もいます。「約束しているからもうすぐ家族が迎えに来てくれるんだよ」と、ご入居してから毎日、夕方になると荷物を持って玄関で待っているご入居者の方がいました。施設長や職員が「今日はもう遅いから部屋に戻りましょう」と声を掛け、その日は部屋で寝ても、翌日の夕方、また同じことを繰り返す。私たちもとても胸が痛みます。

ご家族にもいろいろな事情があるのだと思います。介護施設に預けることを決断したご家族にも、果たしてこれでよかったのかという気持ちもきっと残っているでしょう。日本の伝統的な家族観から言えば、三世代が一緒に住んで、子供が高齢のご両親の面倒を見るのが当たり前ということになるでしょう。そのため介護施設に託すことに罪悪感を持つご家族も決して少なくはありません。でも「しばらく入院」といったことを口実に介護施設へ入居させることは、決しておすすめできることではありません。

「お母さん、もう本当に介護が限界なの。だから分かってください」と、正直に本心を伝えて向き合ったほうがいい――あるご入居者のご家族に対する施設長のアドバイスでした。

布施

一　そうするとご本人も分かるんです。自分のために子供が苦労することは望みません。

『ああ、分かりました』ということに落ち着くことが多いのです。ご家族の後ろ髪を引かれる思いも分かります。私が口を挟むのも、大きなお世話かもしれません。もちろん、立ち入れない部分、立ち入ってはいけない部分もありますが、必要なら時には私たちが一歩踏み出して、ご入居者とご家族間の良好な関係づくりのサポートができればと思っています。

それが、ご入居者の毎日の心の安らぎにもつながるはずです。直接の身の回りのお世話ではありませんが、これも介護の大切な仕事の一つだと思います。

自分なりの介護理念を持つ

毎日、いろいろなことが起こる現場でどっしりと構え、ご入居者にも職員にも、頼もしい母親のような存在となっている施設長に、「介護職に従事する者として大事にしていることは何ですか」と尋ねたことがあります。少し考えてから施設長は「自分の介護理念を持つこと」と教えてくれました。

自分の介護理念を持つことはとても大事だと思います。『私自身、絶対ここだけは絶対に譲れない』というもの。それを試行錯誤しながら見つけ出していくことが必要です。それは、介護をする人間の最終的な目標のような気がします。自分が介護の仕事をするうえで、『ここだけは譲れない、これはもう絶対、誰から何を言われようとも守るんだ』というものを自分のなかに持てるまで、右往左往しつつ学んでいく過程は大切です。実際、自分の介護理念を持っている職員は強い。流されることがありません。

布施

では施設長にとって「譲れないもの」とは何か――それは「普通の介護を、普通の気持ちでできること」だそうです。

布施

それが私の介護理念です。介護はやってあげるとか、そういうものじゃない。介護って難しいことではないんです。ごく普通のこと。それを普通の気持ちですること。平凡なことですが、私はそれをいちばん大切にしてきました。昔は、おじいちゃん、おばあちゃんが当たり前に同居していて、それを若夫婦やお孫さん達が支えていました。好き嫌いではなく、日常的に繰り返されてきた。当たり前の普通の介護です。それが今、少子化、核家族化が進み自宅でお世話することができないから介護施設に入るというケースが増えています。とはいえ昔ながらの、ご高齢者をお世話するという介護が自宅ではなく介護施設で変わらず続いています。確かに仕事として働いていますが、気持ちのなかは昔から行われてきた自宅での介護と何も変わりません。それを、面倒だとか、おっくうだとか、給与水準も低いのになぜここまでやらなければいけないのか、と思ったときに、当たり前の介護の気持ちは崩れていきます。私が取り組んできたことは、ご入居者や、ご家族のお気持ちを第一に、自宅での介護と同じように取り組んでいくこと。それに尽きます。

介護は特別なことではない。特別なことをしていると思ってはいけない――それはまさにプロフェッショナル介護人としての心構えです。

日々の反省を通して自分を成長させる

私たちの基本理念は「ご入居者に快適で安らぎのある暮らしをお届けする」ことでした。その実現のために必要なのは、ご入居者の言葉や表情を思い出しながら、「なぜ私はあそこで我慢できなかったのか」「なぜ私はあの言葉を発してしまったのか」「自分はまだまだだ」と謙虚に反省する姿勢だと思います。私は社内報を通じ職員に向け、こんなメッセージを発信しました。それは、自分に対する言葉であり、決意でもありました。

「まだまだ不十分なこともたくさんあると思います。理念への道のりもまだまだ遠いかもしれなせん。それでも、その高い理念に皆で向かおう。急がず、一歩ずつ着実に。人としての魅力、社会人としての常識と良識を兼ね備える人財を育てられる老人ホームにしたい。

そのためには、私も自分自身を磨いていかなければなりません。日々自分を顧み、反省し、意識を変え、行動し、また顧み、反省する……。まだまだ十分とは言えませんが、日々の謙虚な反復が重要だと思っています。

命ある限り、その反復により人は成長していきます。職員の皆さんにも同じことを求めます。みんなで成長していきましょう。

私の夢——それは、人間力の高い人財を輩出できる施設づくり。これは、ご入居者やご家族に喜んでいただける施設であることと同時に、介護業界や地域社会への貢献にも繋がることだと確信しています。それには、私そして職員の皆さんの地道な努力と協力と、意識改革が重要です。どうか、よろしくお願いいたします」

［第3章］

介護はケアではなくサービス。ご利用者の感動と笑顔を生んでこそプロである【サービス編】

気配りと心配りを忘れない

「介護は目配り、心配り、気配り、それに尽きる」。それが施設長の口癖でした。一瞬も目を離さない――現場のプロフェッショナル介護人たちは、それを肝に銘じて仕事に就いています。

布施

私たちは必ず先に動かなければなりません。離れたところでご入居者が立ち上がったら、すぐそばに行く。転倒しそうだったら、駆け寄って防ぐ。食事の介助をしながらでも、同じテーブルの他のご入居者が食べ物を喉に詰まらせていないかを見ていますし、職員間で申し送りをしているときも、常に周囲に目を配っています。職員は一瞬たりとも油断してはいけません。

なぜならそれはご入居者の「いっときいっとき」が大事だからです。

明日、あるいは今この時にも、何があるか分かりません。言葉にもくれぐれも注意が必要です。私たちの不用意な一言でご入居者に悲しい思いをさせ、もし翌朝亡くなられるようなことがあったら、その人は悲しい思いのまま旅立つことになってしまいます。職員がお願いしたり、ご注意した場合でも、ご入居者が耳を傾けてくれないこともあります。職員も人間ですので、時にはいらいらしたり、腹立たしく思うこともあるでしょう。しかし、それを顔に出したり、言葉にしてはいけない。その気配りが必要です。介護は1週間後、10日後に取り戻せばいい、という世界ではないんです。その機会は二度と訪れないかもしれない。だからご入居者が今を精一杯、安全に、そして明るく、楽しく過ごせるための気配りが大切になってくるんです。

元旦をみんなで祝う

笑顔の溢れる楽しい毎日を——そう願う私たちはイベントが大好きでした。施設長と話し合いながら、さまざまなことに挑戦しました。

まず元旦です。盛大にお祝いします。「木下社長、元旦はぜひいらしてください。いや、絶対に来ていただかなくては」と施設長や職員たちから進言されました。そう、我が家のお正月と同じようにご入居者と過ごすお正月も大切な時間。

女性ご入居者は口紅を塗り、アクセサリーも付けて、いつもより華やいだ雰囲気です。私も心が弾み、同時に厳粛な気持ちにもなりました。もしかしたら少なからずのご入居者は、来年はお正月を迎えることができるだろうか、もしかしたらこれが最後かもしれないと考えながら元旦を過ごしているかもしれません。元旦という日はご入居者には本当に大切な一日です。ご入居者に新年のご挨拶をして、一緒におせち料理をいただきながらゆっくりと懇談しました。そのような時間をご一緒に過ごせることができることの喜びと幸せをかみしめながら。

節分、お花見、敬老会、クリスマス――季節の行事を大切にする

元旦に続いて節分があります。ご高齢者は節分をとても大事にしています。

体の大きな職員が鬼の格好をして登場すると、ご入居者は楽しそうに豆をぶつけます。

毎年大変な盛り上がりでした。その年の「年男、年女」の方には特別のプレゼントも用意しました。他のイベントでもそうですが、施設長と職員が協力しながら、いろいろなアイデアや工夫でイベントをどんどん盛り上げてくれる。静かな日常とはまた違った華やいだ一日が、毎年の楽しみになります。

ひな祭り、お花見、七夕、納涼祭など、四季折々の行事はたくさんありました。

お花見は、お天気がよければ近くの公園にみんなで出掛けて、歌を歌ったり、ゲームをしたり、お食事をしたりして大いに盛り上がりました。納涼祭の盆踊りでは、私が太鼓を叩き、ご入居者、そして施設長、職員が輪になって踊る。くじびきを実施し、当選者には「社長賞」「施設長賞」として景品もお渡ししました。そして最後は打ち上げ花火で盛大な納涼祭フィナーレを迎えます。職員が日々の業務の間にイベントの準備をするのは大変だと思いますが、イベントの楽しさ、大切さを知っているし、自らも楽しみながら、積極的に進めてくれました。

秋の敬老会は、イベントの中でも最も大きな行事の一つ。その日の午前中はご入居者の歌の披露やボランティアによる演芸の披露。特別メニューの豪華な昼食をはさみ、午後からは、職員による「二人羽織」、若手職員による「ソーラン節」など。私と施設長がコスプレをしてデュエットするのは定番のイベントメニューでした。ご入居者も大変楽しみにしていて、「社長！　施設長さん！　今年は何歌うんですか？」と尋ねられたりします。衣装も工夫し、施設長と一緒に事前にカラオケに行って練習も怠らない。しっかりノリノリな気分で取り組みました。

そしてクリスマス会も、これまたとても派手でにぎやかです。その日は職員みんながユニフォームから私服に着替えます。いつもユニフォーム姿の職員がドレスを着たりすると、ご入居者はとても喜びます。「わーとっても綺麗で美しいわ。いつものユニフォームと全然違うのね！」と、自分のことのように楽しそうです。ご入居者にもお化粧をさせていただいたり、いつもよりおしゃれをして、ちょっと派手な服装を着飾るお手伝いをさせていただいたり。ご入居者も職員も皆さん本当に輝いています。

運動会――競うことが刺激になる

イベントといえば、運動会も大切な毎年の行事です。「玉入れ」や「車いす競争」、施設長を車いすに乗せて競争するという趣向もありました。職員も応援団になって盛り立てます。私も笑いながら「とっても過激な運動会ですね。こんなに盛り上がって大丈夫ですか?」と尋ねたことがあります。施設長は「大丈夫です。このくらいやらなくては楽しくありません」と自信たっぷりです。

布施

いろいろなイベントがあるなかで、運動会がいちばん盛り上がるかもしれません。必死になって競う表情はとっても輝いています。二人三脚で若い職員と一緒に組むとうれしそうです。何かを誰かと競う機会は、ご高齢になるとなくなります。まして、介護施設に入居すればなおさらそういう機会はありません。でも競うことはとても大事なこと。幾つになっても必要だと思います。とにかく目の輝きが違います。

もちろん、安全への目配りは万全です。配慮は周到でした。

布施

介護は好きでもイベントへの参加は苦手という職員はたくさんいます。とてもいい介護をしていると評価していても、イベントの場に行かせるといつもの魅力をうまく出せなくなる職員もいます。でも、そんな職員がイベントでも活躍できる場があるんです。「見守り部隊」になればいいんです。イベントの途中、急に立ち上がったりするご入居者がいないか、後ろから見守る。興奮してぱっと急に立ち上がると転倒することがあるのでとても危険です。しかし、盛り上げ役の職員はなかなかそこまで気が回る余裕がありません。だからこそイベントには直接参加せず、冷静に後ろで全体を見てくれている職員の存在がとても大事なんです。

まさに〝適材適所〟で、施設長はイベントの場の雰囲気に乗っていくことができない職員の活躍の場という意味も持たせながら、冷静に全体を見る職員を配置しました。だからこそ、「過激な」競争を楽しめるのです。職員各々の個性も上手に活かして、無理に輪の中に引っ張り込むのではなく、安全の視点から全体に目配りをする役割を与える。職員各々が得意とするところで、イベントの成功に役割を果たしてもらう。一石二鳥の見事な配置だと思いました。

レクリエーションはタイプの違うものを用意する

施設長は同じように、ご入居者への配慮も行き届かせていました。職員にもいろいろなタイプがいるように、ご入居者の性格もまちまちです。イベントは多くの方が楽しんでくれるとはいえ、なかにはそういう〝はしゃいだ場〟を好まない人もいます。そのような方を無理やり参加させてはいけない。少し遠くから見守るという楽しみ方もなければいけません。また、何も大がかりなイベントばかりが楽しいのではありません。映画会、手芸、塗り絵といった静かなレクリエーションも必要です。できるだけ多様なものを用意することを心掛けていました。人によって好き嫌いがあります。嫌いなものまで参加しなければならなくなったら、かえって苦痛になってしまう。歌が好きな人は歌う。不得手な人は聞き役に徹して楽しむ。大勢ではなく一人で手芸や塗り絵などを楽しむ——複数の、できるだけ多様なイベントやレクリエーションを用意するというのが私や施設長の方針でした。

地域に開かれたお祭りにする

ある夏、納涼祭を地域の方に開放して実施することを試みました。広い中庭を活用し、たこ焼きや焼きそば、ヨーヨー釣りやかき氷などの露店を出し、私は数種類の日本酒を振る舞いました。地域の方がたくさんいらしただけでなく、職員の家族も来てくれました。子供たちの姿も多く、お祭りは大変盛り上がりました。介護施設が孤立して存在するのではなく、地域と交流し、地域のなかに存在するということは、大切なことだと思います。

職員の家族が楽しみにしながらやって来る場としての老人ホームにしたい、というのも私たちの強い思いでした。

布施

介護職員には母子家庭の人が少なくありません。お母さんが頑張って働いている、その職場を子供たちにも知ってほしいという気持ちでした。

納涼祭にやってきた職員の子供たちは、一生懸命お母さんの手伝いをして、屋台のたこ焼きを焼いたりしていました。それを見るお母さんも楽しそうです。普段はなかなか親子で過ごす時間がない。子供の目からすれば、お母さんは何を毎日忙しそうにしているのだろう、それが分からない。お母さんと家でゆっくりする時間がないことが不満になっているかもしれません。どこでどんなことをしているのか、お母さんの職場を見てそれを知ってほしいと思いました。そしてお母さんを誇りにしてほしい。それは職員自身にとっても安心して気持ちよく働くことにつながります。それがひいてはご入居者の笑顔にもつながっていきます。

時には大胆に――お餅も食べる、サンマも焼く

運動会の〝過激さ〟については触れました。しかし私たちには他にもまだまだ〝とんがった〟ところがありました。お正月にお餅を振る舞い、秋には旬のサンマの塩焼きを出しました。

お餅は、一般家庭でもご高齢者がのどに詰まらせて救急車で運ばれたというニュースが

毎年のように報じられます。お餅を提供するのには勇気が要ります。サンマの塩焼きも骨付きになりますので普通は出さない介護施設がほとんどかもしれません。しかし「十分に準備をすれば大丈夫。それよりお正月と言えばお餅、秋はサンマでしょう。その楽しみを味わっていただきたい」という施設長の強い気持ちがありました。もちろん、ただ「出したい」という現場の声のみでは、経営者として「どうぞ」とは言えません。しかし、しっかりと対策が取られていれば心配はありません。実際には、職員総出で見守る、お餅の大きさを小指の先くらいのものから普通の大きさのものまで何種類も用意し、ご入居者に合わせて選ぶ、最初に水分を取ってから食べてもらう、万が一に備えて吸引器を用意するなど、考えられる限りの対策が取られていました。本来は公休の職員も、お餅とサンマの日は、臨時に出勤してくれる。全員参加で万全の対策が取られていることによって、季節ならではのもので楽しんでいただきたいという施設長の気持ちが職員の隅々にも行き渡っていました。

食事は自前で用意する

食事を大切にしたいというのは私と施設長の共通の強い思いでした。しかし、オープン当初は、給食事業を専門とする会社と契約をしていました。給食会社の社員が厨房設備・機器を使って調理し、食事を準備するというスタイルです。私たちは献立には直接関与しませんでした。最初のころはそれでよかったのですが、日に日に私たちの手で献立を考え、料理を提供したいという思いが強くなっていきました。

施設長とも話し合いを重ねました。「今日は何が食べられるんだろう?」——ご入居者は食事には特に関心があります。なかには飲食関係の仕事をしていた方もいるし、寿司職人だった方もいました。そういう方にも、満足のいくものをお出ししたい。特に介護施設においては食事は毎日の暮らしのいちばんの楽しみといっても過言ではありません。何より、もしかして、今日の一食が最後の食事になってしまう方もいるかもしれないのです。

確かに、給食会社に頼ることなく、自前での調理・給食は大きなコスト増です。しかし、十分な入居率が確保できていれば、それなりのものはご提供できます。食材を自前で大量購入すればスケールメリットによる材料費の削減も実現できます。いろいろ考えた結果、自社の給食職員による調理によって給食提供する方針へ転換しました。

たまには「B級グルメ」もいい

自前の給食にしたことの利点は、なんと言っても、今ご入居者にぜひ食べて頂きたい旬のものをご提供できることです。先ほどご紹介したサンマもその一例です。イベントに合わせて工夫することもできますし、旬の食材や、タイミング良く安く購入できたおいしい食材に合わせ、こちらで献立を工夫する楽しさもあります。カレーライスや焼きそば、ラーメン、ハンバーガーなど「B級グルメ」と呼ばれるようなメニューにも人気があることが分かりました。「意外とシンプルなものがいいんです」と言い、施設長は続けます。

布施

カルボナーラよりナポリタン、揚げ出し豆腐より冷奴なんですね。ほうれん草はおひたし。焼きいもも喜ばれます。畑で取れたばかりの旬のもの、例えばじゃがいもを茹でて皮をむいて食べる。皆様とても感動されます。たまにはカレーライスも新鮮です。ペロリと食べてくださる。カレーライスが普段より多少低い原価でご提供することができたら、その差額分を他の日の食材の購入に充てることもできます。自前ならいろいろな工夫が可能になるのです。そこには給食職員の思いが強く反映されます。ご入居者においしい食事をご提供したいと思う給食職員の思いがどれだけ強いか。この一食がご入居者にとって最後になるかもしれない。だから頑張っておいしいものを提供したいと給食職員がどれだけ強く思うかどうか。もちろん、原価を低く抑えながらおいしい食事を提供する工夫をすることも同時に求められます。ハレの日に普段より豪華な食事を提供するために、料理内容と原価のバランスをどのように取っていくのか徹底的に工夫をする。そこは愛情なんだと思います。ご入居者へ給食職員がどれだけ多くの愛情を注いでいるどうかです。献立マニュアルでは決して表現できることではありません。

自前の給食の大きな波及効果

自前のおいしい食事でご入居者の笑顔が増えたのはもちろんですが、給食職員とご入居者の新たなやりとりも生まれました。食後カウンター越しに「おいしかったよ。ご馳走さま」とお礼の言葉があったり、「今日は手抜きしたでしょ」と笑いながら遠回しに冗談ぽく不満をぶつけたり。厨房にいるのが職員だから言えるのであって、委託先の給食会社の調理員には言いにくいことだと思います。食事について思っていること、感じたことを率直に直接伝えられる環境や給食職員との関係性ができたことは大きな成果でもありました。

給食が自前になってから職員が箸置きを手作りしたり、お祝い事のある日には、メッセージ入りのランチョンマットを自作するなど、ご入居者が食事の時間を楽しく過ごせるようにという職員の思いがより強くなりました。誰かの指示がなくても自発的に、ご入居者が食事の時間を十分に楽しめるように少しでも工夫しようとしてくれる。自前の給食にすることによって、ご入居者への職員の深い思いを更に引き出すことにつながりました。

ご入居者のご家族との信頼関係をつくる

介護施設は、ご入居されているご本人だけでなく、そのご家族に対しても重要な役割を担います。私たちはご家族とのコミュニケーションをとても大切に考えてきました。「安心して託すことができる」というご家族の安心感によって、職員にも大きな責任感が芽生え、気配りや心配りが行き届く範囲を更に広げることになります。

ご入居者の生活の様子や変化などについては、できうる限りご家族に報告します。万が一転倒してしまった場合には、ケガなど何もなくてもお電話します。「なにかあったらまずはご家族に電話連絡を」は施設長の方針でした。

布施

『別にケガも何もないんでしょ？　わざわざ伝えてくれなくてもいいよ』

というご家族もいらっしゃいますが、やはりどんなこともご家族にお伝えすることがとても大事だと思います。ご家族がこちらに見えたときにお伝えすればいい、というものではありません。もし、ご家族が後で知って、『なぜ伝えてくれなかったのか、その知らせを聞けばすぐに駆けつけたかもしれないのに』と思われてしまったら、そこで信頼関係が崩れてしまいます。お知らせしてし過ぎるということは決してはありません。

ご家族をみんなで出迎え、見送る

私たちは、ご家族が見えたとき、そして帰られるときは、近くにいる職員は全員が玄関まで行きお出迎えし、お見送りをしていました。

施設長の元同僚だった方のお話です。その方は他の介護施設に勤めていました。ある日、ご家族とお話した後、玄関まで一緒に行き「ありがとうございました」とお見送りしたら、「そんなことはやらなくていい」と上司から言われたそうです。家族を見送ることはしない、ご家族とすれ違ってもどのご入居者のご家族かも分からない。そのような介護施設もあると聞きました。

布施

私たちは近くにいる職員は全員でお迎えし、お見送りするということを、当たり前のこととして行ってきました。お客様が来られたら玄関でお迎えをし、お帰りの際にはお見送りするというのは、どのご家庭でも当たり前に行っていることです。私たちが心掛けていたことは、特別なことではなく、私たちの自宅でも行っていることと同じお客様へのおもてなしです。

見学に来られたご家族が「他の老人ホームも見学してみます」とおっしゃって一旦帰られても、多くの方が戻ってこられて入居の契約の運びとなるケースが多くありました。一度見学された方の契約率は非常に高く、見学から契約までの期間も短かった。それは、職員一人一人が醸し出す雰囲気や魅力、温かみや落ち着く感じを見学されたご本人やご家族が感じ取って下さったからだと思います。

ご入居者のご家族への手紙

ご家族との関係づくりについては現場でもいろいろな工夫を重ねていました。例えば、職員はご入居者のどなたかの担当になります。月に一度、ご利用料等の請求書をお送りする事務作業が発生します。施設長はそこに必ず手紙を同封することを指示しました。

布施

私は誰で、お母様の担当です。最近こんなご様子でいらっしゃいます、ということをお伝えするためです。文章自体はあまり形式的になり過ぎないように指導しました。「暑くなりましたが、お元気でいらっしゃいますか」など、そのような文章は不要ですと職員には常に言ってました。「昨日のお母様のご様子はこんな感じでいらっしゃいましたよ」「カラオケで、こんな歌を歌ってくださいました」「こんなお話をしてくださいました。とっても楽しい時間を一緒に過ごすことができました」――そういう一言こそご家族は望んでいるのです。「お元気ですか」「お世話になります」などという定型の文や言葉は要らない。自分がご家族の立場だったら、どんなことを聞きたいか、知りたいか。それを考えて書くべきだと教えていきました。特に最近の若い人は手紙を書く機会も少なく、文章を書くのも苦手で、『やだー、何を書いていいのか分からない』などと最初は言ってました。でも、名文を書けというのではありません。箇条書きでもいい。「昨日こういうことがありました」「今日はすごく早く起きていらっしゃいました」。短くてもそんなことでいいんだよと、教えていきました。ご入居者のみならず、ご家族の方への気配り心配りも必要であり、大切だからです。

運営懇談会でご家族との関係を深める

ご家族との関係づくりにおいては、半年に一度定期的に開催する「運営懇談会」が大切な場でした。ご入居者やご家族の方にご出席をお願いし、会社の人事や財務の内容、今後の経営方針などをご説明します。また、運営規則などを変えるときも懇談会にてはかってきました。経営・運営の責任者として私がご入居者やご家族の前に立つ重要な機会でもあります。経営上の数字が芳しくないときはとても辛かった。先ほどご紹介した自前の給食への切り替え時にも、月額で約５０００円にものぼる値上げをお願いすることになり、懇談会で議論しました。いろいろなご質問もいただき、丁寧にその理由と金額の根拠をご説明し、皆様のご理解をいただくことができました。2時間、3時間と議論を重ねることもありました。運営懇談会の内容は録音し、議事録にまとめ、当日欠席された方を含めご入居者とご家族にお配りしました。

理念の根底に流れるもの

「敬老会」を毎年の大きなイベントの一つとし、楽しい一日にするためいろいろな企画を考え、実施してきたことは先にご紹介したとおりです。私も必ず出席しました。

「敬老会」の冒頭のご挨拶を準備しながら敬老の日の由来について調べたことがあります。その由来にはいくつかの説があり、その一つに聖徳太子の時代までさかのぼるものがあります。聖徳太子が現在の大阪市内に四天王寺を建てた時、四天王の名前に合わせて、敬田院・悲田院・施薬院・療病院の四箇院を設置したというのです。そのなかの「悲田院」といわれるのが、現在の「高齢者介護施設」の由来で、この悲田院の誕生が9月15日であったことから、この日が敬老の日に選ばれたというのです。

ご高齢者や目上の人を尊重し敬うことは当然であったとしても、聖徳太子の時代から「高齢者介護施設」にあたるものが存在し、人々が、ご高齢の方々が幸せな時間を過ごすための場をつくり、奉仕していたのです。そして、これほど長い歴史を持つ「高齢者介護施設」の運営という重要な仕事に携わっていることの責任を感じ、その名と役割、歴史に恥じることのないよう、運営をしていかなければと、気持ちを新たにしたことを思い出します。

私たちは「ご入居者に快適で安らぎのある暮らしをお届けする」という理念を掲げて老人ホームの運営を行ってきました。「リスクがあるから止めるのではなく、どうしたら実現可能かを考えるほうがやりがいがある」「やれることの限界を決めるのではなく、チャレンジしてやれることを増やしていこう」という施設長や職員の常に前向きな姿勢を頼もしく思いました。その根底に流れていたのは、もしかしたら明日突然旅立たれてしまうかもしれないご入居者の人生の最期の時間を幸福なものにしたい、という強い思いと使命感でした。

コラム：私が出会ったプロフェッショナル介護人たちの過去、現在、そして未来 ①

片岡秀歩

●在職期間

6年8カ月

（平成21年5月～平成27年12月）

●業務を通じて得られたこと、感じたこと

介護未経験で入社したため、最初の1年半は現場に入りご入居者への介護を中心に行っていました。その後、リーダー、部門責任者と役職が上がるにしたがい、布施施設長と密なコミュニケーションを取りながら、スタッフのスキルアップ、シフト管理、現場状況把握、人員・現場体制構築、採用面接の立ち合いなどを行う管理・マネジメント業務が中心となりました。私たちの老人ホームは3階建てだったため、スタッフを各フロアに分け、

その上に立つリーダーを配置していました。各フロアリーダーと情報を共有しながら、彼らを補佐する役割は組織・チーム運営上とても重要でした。また、老人ホームにおける個別ケアについて、ご入居者とご家族そしてスタッフをどのようにつないでいくか、リスクマネジメントのあり方や考え方など、責任者として日々さまざまなことを模索していました。

多くの介護施設では、施設長や役職のある人がご入居者ご本人やご家族、ケアマネージャーと連携し個々の対応などを行っているのではないかと思います。私たちの老人ホームでは布施施設長の理解が大きく、スタッフを信頼し、任せてくださいました。「現場をどうしたいのか、どうしていきたいのか」「ご入居者にはどのように接し、ご家族とはどのようにコミュニケーションを取るのが良いのか」などということを、私たちスタッフ自身が考え行動に移していく現場力を、私たちに培わせてくれました。

ご入居者お一人お一人への細かく適切なケアを行うことを通じ、質の高い生活を送っていただくため、各ご入居者の「パーソン」（担当）を決め、きめ細やかな気配り、心配り、目配りを怠らないようにしていました。ご家族に安心してもらうためでもあります。例えば、定期的な電話連絡・報告はもちろん、ご家族との連絡ノートを居室内に置いたり、メールで近況報告を行ったり、ご利用請求書をお送りする封筒にパーソンによる手書きのお手紙を同封したり、年賀状をお送りしたり……。さまざまなツールを用いてご家族への情報提供を行いしっかりと連携を取れるようにしました。これもすべてのご家族に同じツールを使用するのではなく、ご入居者の状態やご家族の状況に合わせて選択するようにしました。

介護未経験で介護現場に入った場合、介護への先入観もなく、素直な気持ちで介護の仕事に向き合うことができる場合が多いと思います。特に介護業界は慢性的な人手不足の状況に置かれており、資格さえあれば未経験者であったとしても採用したい会社は多くあります。しかし、特に未経験者を採用する場合には、ご入居者を守り、スタッフ自身を守るために十分に独り立ちできるようになるまで教育・指導を行う必要があります。私たちの老人ホームでも人手が十分に足りている状況ではありませんでしたが、介護未経験者や入社間もないスタッフには必ず教育係の先輩スタッフがつき、一人一人の介護・介助作業の確認を行いながら、知識・技術を高め、独り立ちできるような教育・指導体制を取っていました。また、介護未経験でありながらもしっかりと現場・実務経験を積み介護福祉士の資格を取得したスタッフも多数いました。私もその一人です。

●現在の仕事の内容、当時の経験が生きていると感じること

現在は介護支援専門員（ケアマネジャー）として、在宅介護の支援に奮闘しています。先に書いたように介護未経験だった私ですが、現場・実務経験を積み重ねることによって、「介護への思い」のコアとなる部分を確立できました。認知症の方でも「一人の人」であるという思いを持ち、ご利用者やご家族としっかり向き合うことができていることです。

●これからのキャリアプラン

２０１８年６月、居宅介護支援事業所を開設しました。同年８月には訪問介護事業所開設を予定しており、準備を進めています。今以上にぐっと責任は重くなってきますが、これまでの介護業務経験を通じて確立できた「介護への思い」を自らの手で形にしていきたいと思っています。

そしていつか、当時共に働き、切磋琢磨した仲間たちと力を合わせ、ご入居者お一人お一人と向き合える介護ができる介護施設を立ち上げたいと思っています。そして、認知症になっても「一人の人」として最期まで安心して安らぎのある生活を送れる場所をつくりたいです。誰もが避けて通ることができない「死」を温かく穏やかに迎えられる場所を。

●現在介護現場で働いている方やこれから働きたいと考えている方へのメッセージ

介護は頭脳労働・肉体労働だけではなく、感情労働という自己コントロールがかなり必要となる仕事です。そのため、「柔軟で多種多様な面」をどれだけご自身のなかに持てるかどうかが介護の質につながっていくと思います。介護はお手伝いすることではありません。「一人の支援者」であることです。

また、介護は一人ではできません。それぞれどんな「介護理念」を持ち介護の仕事をしているのか。ぜひ「介護理念」を語り合い、共有し、切磋琢磨し、助け合える仲間を作ってください。それが介護の仕事を行っていくうえで大きな財産になっていきます。

そして、自分の心のケアを忘れずに、自分を大切にしてください。自分を大切にできる人こそが、自分以外の人もきっと大切にできるし、幸せにすることができるのだと思います。

［第4章］

命を預かるプロとして介護現場のリスクマネジメントが不可欠【知識編】

介護に必須なリスクマネジメントとは

介護施設である以上、通常の寮や集合住宅とは異なるさまざまなリスクがあります。ご入居者の体力や体の機能はおしなべて低下しており、健康上の問題を多く抱えている方も少なくありません。認知能力が低下している方もいらっしゃいます。何事もなく平穏無事に暮らし続けるということについて、ご高齢者は誰もがリスクを抱えています。ご入居者が健康で楽しく過ごすことができない介護施設となれば、施設運営の継続も困難になります。

介護施設運営上のリスクをきちんとマネジメントしていかなければ、「ご入居者に快適で安らぎのある暮らしをお届けする」ことが困難となります。介護施設運営には、より厳格かつ徹底したリスクマネジメントが求められます。

「コンプライアンス」だけではない世界

事業や組織運営のリスクマネジメントといえば、誰もが「コンプライアンス（法令遵守）」や「ルール・諸規則」の強化を考えると思います。一般の企業の場合はそうかもしれません。介護施設の運営においても、もちろんそれは基本にあります。しかし、それだけでは足りません。「コンプライアンス」や「ルール・諸規則」をただ形式的に守ろうとしたら、血の通った心温まる介護ができなくなる可能性があります。

前章でお餅やサンマの塩焼きをご提供したことをご紹介しました。これらはとてもリスクが高いことですが、施設長は非常に積極的でした。

布施

『正月はお餅が食べたい』『焼いたサンマを食べたい』とおっしゃるご高齢者に対し、『危ないから止めましょう』とは申し上げたくありません。そこの判断は難しいけれど、できない理由を考えるのではなく、どうしたら実現できるかを考えるほうがずっと生産的だしやりがいがあります。

できないと思っても諦めない

ご入居者には、もしかするともう来年がないかもしれない、極端に言えば、明日旅立たれる方もいらっしゃるかもしれない。

その方にとってコンプライアンスとかルール・諸規則というのはあまり重要な意味を持たないのかもしれません。仮に、「安全面を考えるとできません」ということがあり、それをできずに翌日お亡くなりになったときに、もし自分が逆の立場だったり、そのご家族の立場だったら、大きな後悔が残るような気がします。もちろんなんでもかんでもすべて良いということではありません。それは無責任で無鉄砲というだけです。ご入居者のご健康状態やご希望を十分に把握したうえでどこまでリスクを許容するのか、いろいろな選択肢を考え、リスクを減らすような対策も考えて、最終的に決断する。これはとても高度な判断だと思います。「安全面を考えるとできません」というのは簡単なことです。でも、何のチャレンジもしなければ進歩もない。もし万が一何かあった場合は私が責任を取る。施設長も同じ覚悟だったでしょう。職員のなかには「お餅を出している施設はありませんよ」という意見もありましたが、施設長は何度も何度も根気よく話をしていきました。

「なんとか実現できるように皆で考えてみよう」と。

前章でも触れましたが、お餅を出すときは、本来休みの職員にも臨時に出勤してもらって見守る人数を増やし、お餅の大きさも、小指の先ほどのものから一般的な大きさのものまで、お一人お一人の嚥下能力に合わせて大小さまざまなものを5種類くらい揃え、また吸引器も用意しました。サンマのときも人数を増やしていつもの食事の時以上に見守り体制を整えました。いずれもなんの問題も起きず、もちろんご入居者は大満足。職員も大きな自信になって、私たちの年中行事に定着しました。翌年からは「いつもどおりお餅を出しましょう」と、職員から言ってくれるようになったと施設長はうれしそうに振り返っていました。

布施

実現できたことで私自身の自信にもなりますが、職員は私の何倍も自信を持ったと思います。きめ細かく注意をしていけばリスクは回避できるという自信とそのためのノウハウを得たはずです。その繰り返しによって、何があっても冷静に対応できるという逞しい「現場」になっていくんです。『大丈夫です、問題は発生させませんし、何か起こった場合であっても冷静に対応します』という言葉が返ってきたとき、私は施設長として言葉にならないほどの感動を覚えました。そして、職員たちのことを心から誇りに思いました。職員たちの成長は私にとっても、会社にとってもとても大きな財産となります。

ご家族との信頼関係が最大のリスクヘッジ

お餅のご提供は、実際にどのような結果になるのか全く見通すことができず、私としても判断に迷いました。それでも私がゴーサインを出したのは、ご入居者にお餅を食べていただきたいという施設長のただならぬ強い思いを感じたからです。そして他にもう一つ理由がありました。それは、施設長が築き上げてきたご家族との信頼関係でした。盤石な信頼関係があれば、もし何かが起きても大丈夫だと確信していました。乱暴な例えですが、もし万が一私たちがご提供したお餅をのどに詰まらせるということが起きても、ご家族から「どうしてくれるんだ。父の命の危険があったじゃないか」と、抗議されることはないだろうと思いました。むしろ「父の大好きなお餅を食べさせてくれようとそこまで努力してくれたんですね。施設長のことだから何か起こった場合でもすぐに対応できるよう対策は万全だったはず。だから、お餅をのどに詰まらせても命の危険にまで至ることはなかったんですよ」と言っていただけるのではないか。少し甘えた見方かもしれません。しかし、それだけの信頼関係をご家族の方とは築き上げることができている自信が、施設長にも私にもありました。

何ごとも隠さない。すぐに連絡

ご家族とはコミュニケーションをしっかり取ること。それは介護施設を運営する側の当然の義務でもあり、責任でもあります。その継続によってご家族の信頼関係を築き上げることができます。それと同時に、万が一何かあったときのためのリスクマネジメントでもあります。

万全を期してはいますが、転倒やベッドから落ちるなど、いつどのようなことが起こるか予測できません。あるご入居者を食堂へご案内する際、職員の不手際により昼食の時間がいつもより1時間ほど遅れてしまったということがありました。

布施

職員がミスをしたことはいち早く連絡する。間髪を入れずご家庭へ連絡します。謝罪し、起きたことを包み隠さず伝える。食事の誘導が遅れたときもすぐに連絡しました。『すみません、お母様を食堂へご案内するのが遅れてしまい、他のご入居者よりも1時間ぐらい後に召し上がっていただくことになってしまいました。本当に申し訳ありませんでした』と申し上げたら、ご家族の方が『わざわざ知らせてくださってありがとう。別に大丈夫ですよ。でも連絡せず黙っていれば私には分からないことじゃないの』と笑いながらおっしゃっていました。『いえこちらの不手際ですから、私からご連絡差し上げました』と。このようなやり取りを細かく積み重ねていくことによってより深い信頼関係が構築されていきます。

こんな事例もありました。居室内で転倒事故があったときです。すぐにご家族に連絡を取り頭を下げて報告しました。それに対してご家族は『職員の方がお部屋の中に24時間一緒にいることはできませんし、それは仕方のないことですよ』と理解を示してくださいました。もちろん、だからといってご家族のお言葉に甘えるつもりは一切ありません。ご家族との信頼関係を構築することもまた重要な私たちの仕事であること。それが根底にあります。

謝るときは謝る。その姿勢を見せる

職員による明らかなミスは、心からお詫びすることが必要です。ミスを犯さない人はいません。しかし、ミスを隠そうとしたり、小さく見せようとすることは絶対にあってはならないことです。その一事で、これまで長い時間をかけて築き上げてきた信頼関係は一気に崩れ去っていきます。

特に深刻な事故の一つが薬の誤飲です。ある時、軽い認知症の症状のあるご入居者が、隣に座っていたご入居者の薬を飲んでしまった。血圧が低い方なのに降圧剤を飲んでしまったのです。これらは一人の職員ではなく、老人ホームを運営する会社としての薬の管理体制上の深刻で重大な問題でした。施設長がすぐに対応にあたりました。

布施

降圧剤のときは、とにかくまず主治医に報告して、こういう持病を抱えるご入居者がこういう薬を飲んだ場合、どういう状態になるかということを把握しました。そして、ご家族にすぐに連絡をし、『大変申し訳ありません。誤薬をしました。主治医へも報告し、指示を仰ぎながら3時間置きにバイタルチェックをしていますが現在のところ異常はありません。無事が確認できるまで、定期的にご報告いたします。今後、このような重大なミスがないよう、薬の管理体制を見直し、職員も徹底的に指導して参ります』と申し上げました。

施設長の対応には、迷いがありません。とにかくまずご家族にありのままを伝え、お詫びする。「たいしたことになっていないのだから、わざわざ家族に伝えて、こちらのミスを知らせることはないのではないか」――職員のなかにはそう考えていた人もいたようで

す。しかし、大きな問題やミスを隠そうとする行為が一度でも行われれば、いずれは常習化し、結果的に不透明な組織となってしまいます。ミスや間違いがあっても包み隠さずありのままを伝え、謝罪する。そして同じことが二度と起きないように適切に対策を講じる。そのような社風を根気よくつくり上げていこうと、施設長とは常々話していました。

布施

ご家族から大変厳しい言葉で指摘されたこともありました。しかし、職員のミスは施設長である私のミスです。私の職員への教育が足りなかった結果です。ただひたすら心からお詫びするしかない場合もあります。ご家族に対し頭を下げてお詫びする私の姿を職員に見てもらうことも必要だと思いました。その姿を目にすれば職員は必ず何かを感じてくれます。施設長があれほどまでに謝らなければならないミスを犯してしまった。姿を見せることが、何も言わずとも教育になります。親が自分のことで、友達の家に行って頭を深々と下げて謝罪していたら、子供は『親に迷惑を掛けた』と心が痛み、反省するでしょう。それと同じことです。

洗濯物の紛失が曖昧になる理由を探る

もちろん連絡をしてお詫びをするだけでは、根本的な問題解決にはなりませんし、問題は再び生じます。そのためには、問題を発生させないためのルール、問題が発生したときに適切に対応するためのルールをつくっていくことが必要です。「洗濯物紛失事件」が何回かあり、どう対応すべきか、施設長を中心に現場で対策を考えていきました。

布施

タオル一枚、下着一つでもなくなったら、あったものがなくなったわけですから当然何か理由があるはずです。ご家族が職員に『母の洗濯物がないんですが』とおっしゃる。『そうですか。では洗濯係に伝えておきます』とお答えし、洗濯係の職員に伝える。伝えたことによって、ご家族から最初に相談を受けた職員は自分の役割は終わったと思ってしまう。伝えられた洗濯係の職員も、『それは私の当番の日じゃない』とか、なんとなく曖昧な状態のまま、毎日の仕事に追われているうちに、忘れてしまう。そして何週間も経ってしまう――実際そういうことがありました。この問題の根本的原因は最初にご家族から相談を受けた職員が、その後どうなったか、追いかけをしていなかったことにあります。洗濯係の職員に対し『この間の洗濯物紛失の件はどうでしたか？　見つかりましたか？』と、追いかけをすべきでした。言ったから、伝えたから、で終わりではありません。また、『その紛失の件、私は知りませんでした』という職員もいました。確かに担当外で発生した出来事だったかもしれません。しかし、知らないことは何も自慢になりません。『知らないことを自慢げに言うのはおかしいよね。現場で起こっていることのどんな情報も知ろうとする意欲が必要でしょう。意欲があれば自然に耳に入ってくると思うよ』と、私はよく職員に言っていました。

対応のルールを定め、研修を実施

「洗濯物紛失事件」は徹底的に事例の振り返りをして、曖昧になっていく過程を分析し、それを教訓にしてルールづくりをしました。まず、最初に相談を受けた職員が必ず最後まで追いかけをする。直接的にせよ、間接的にせよ、洗濯係の職員に伝えるのは当然のことですが、最初に相談を受けた職員が最後まで責任を持って追跡する。さらに、その経過を文字の記録として残す。どのような方法を取っても洗濯物が見つからない場合は、相談を受けてから最長1週間を限度とし、施設長に最終報告をする。そこで弁償などの対策を施設長が判断する――というものです。このルールを定めてからは、洗濯物の紛失が曖昧なままになった状態が続くことは一切なくなりました。また、施設長からは、この件はとても大事なことなので さらに研修をし、そのなかで職員全員と意見を交わしたいという話があり、その時間を確保しました。

布施

ご家族にすれば、タオル一枚だってなくなれば大問題です。それを些細なことと思わず、なくなったら徹底して追いかける。なくなったと相談を受けておきながら、結局何の対応もできず、何カ月も経ち風化してしまったことになることは大変失礼なことであり、ご家族には大きな不信感が残る。これは絶対にあってはならないことです。この危機意識を職員全員が持たなければ、いつか必ず施設運営の継続が困難となる大きなクレームや大事故につながっていきます。

クレーム対応を「犯人捜し」にしない

職員のミスが引き起こす事故の一つに「ベッドの柵を入れ忘れることによるご入居者身体落下」があります。身体介護のためにベッドの柵をいったん取り外すことがよくあるのですが、その柵を戻し忘れてしまったことにより発生する大変危険な事故です。ケガや骨折につながる可能性が相当に大きい。実際に身体落下が発生した際、施設長はすぐにご家族へご報告と事情説明、お詫びの電話連絡をしました。しかし、発生原因がつかめない。誰が外し、誰が戻し忘れたのかが判明しなかったため、ご家族へのお詫びの電話連絡をどのようにすべきか施設長はとても悩んだと言います。

布施

二度と繰り返さないために、経過を把握しなければなりません。夜間の出来事だったため、当日の夜勤職員4人に状況をヒアリングしました。ところが、全員が『私が部屋に行ったときには柵はしてありました』という回答しか得られませんでした。そんなことはあり得ません。私は「犯人捜し」をしているのではないし、責任を追及しようとしているのでもありません。でも、言い出しにくい雰囲気があったのでしょうか。ご家族にも正確な経過がつかめないままお詫びをするという、不完全で曖昧なご連絡になってしまいました。

これではいけない、このままでは同じ事故は必ず繰り返されるはずです。直接的には職員のミスによる身体落下事故であっても、それを防げなかったのは会社です。責任は会社にあります。もし職員が「責任を追及される」と思って事実を隠しているのであれば、問題を解決できなくなり、現場や組織のなかに不透明で曖昧な部分が生じてしまいます。責任を取るのは会社であり職員ではない。ご入居者にご迷惑がかからないよう、同様の事故が再発しない仕組みをつくるためにみんなで原因を追究し、対策を考えていこうと呼び掛けていきました。「一度失敗したら、再発しないように未来に向かって改善していけばいい。職員個人を絶対に責めない組織、たとえ失敗があっても全員で補い合っていく現場、

組織にしよう」というメッセージを送り続けました。施設長も職員との直接対話を重ねていきました。その後も柵の戻し忘れのミスが発生したことがありましたが、「恐らく私が戻し忘れたと思います」「ナースコールが重なって焦っていて、よく覚えていないのですが、たぶん私が忘れたんだと思います」という回答が得られるようになっていきました。組織の体質改善が一歩進んだことに手応えを感じました。施設長からは「『どんなミスも事故も会社が責任を取る』というメッセージを木下社長からも発信し続けてくださったおかげで、職員の意識改革も進みました」と、うれしい報告をもらいました。社内報には、ある日こんな原稿が寄せられていました。

「自分自身の仕事上のミスを社長や施設長に報告したとき、自分ではもっと責任を問われるのではないかと思っていましたが、『二度と同じミスはしないよう、今後十分に気を付けながらお仕事頑張ってください』と励まされたとき、今まで以上に自分を成長させ、ご入居者やご家族、そして会社に貢献できる人材にならなくては、と改めて思いを強くしました」

「理不尽なクレーム」に正論で応じない

ご家族からのクレームのなかには、「理不尽」だと感じるものがあります。ご家族は毎日現場にいらっしゃるわけではありません。ご入居者ご本人から伝え聞いたことで判断をされます。現場では「お金がなくなった」という話もよく出ました。お金の紛失となると問題は深刻ですが、実際のところは所有物の紛失はご入居者の思い込みや勘違いによるものがほとんどでした。軽い認知症の症状のある方もいますから、そういう記憶違いは十分起こり得る。しかし、ご家族にしてみれば「母は認知症ではないし、言っていることも間違いない」ということになりますし、それが肉親として当然の感情だと思います。私たちからは「いいえ、お母様は少し認知症があり、お金のことも思い違いをされていますよ」とは軽々しく言えません。

「ハサミ事件」も施設長から報告を受けました。居室内にハサミが置いてあったのですが、そのご入居者の方は軽い認知症でもあり、時に危険な行為をしてしまうこともあるのでハサミをこちらで預かりたいと職員がご家族に申し上げました。すると「母は認知症でもなんでもない。なぜハサミを取り上げるんですか」と職員に不満をぶつけられたのです。

ご家族からのクレームの多くがご入居者からの伝聞であったり、ご入居者ご本人の普段の様子をご存知ないご家族の思い込みから生まれることが少なくありません。職員もつい反論したくなる。しかし、どちらが正しいか、という話になってしまったら水掛け論になり、感情も絡みます。重要なのは、ご家族とのコミュニケーションの取り方です。

布施

「ハサミ事件」にしても、職員にしてみれば、この間はハサミでカーテンや布団を切っていた。明らかに普通の使い方ではない。なぜご家族はそれを分かってくれないのか、と悔しい思いが残ります。しかし、『いえ、お母様には認知症の症状があるため、危険な行為をされる場合もあります』とは言えません。そうではなく、『もしハサミをお持ちになったまま転んだりしたら本当に大変なことになってしまいますから、ぜひ預けていただきたい』などというように上手に話していくことが必要です。

介護施設におけるクレーム対応は非常にレベルの高い対応が要求されます。何が本当かという話をしても解決につながらない場合が多い。その場の状況やご家族の様子を見ながら臨機応変に対応していく。必要なのはその場その場の判断力です。

家族関係を事前に知っておく

ご家族間の関係が複雑になっているケースが多いことも、頭に入れておかねばなりません。ご家族に連絡をするといっても、まず誰に伝えるか、誰に伝えてはいけないか、ということへの配慮が必要な場合があるからです。ある時、緊急連絡だからとにかく早く連絡のつくご家族の方と話がしたいと思って、たまたま三女の方と最初に連絡が取れた。すると後から長女が「なぜ私より先に下の妹に話をしたのか」と不満を伝えてこられる、という事例もありました。

そのような問題が発生しないように、入居時には、ご入居者に加えご家族の関係図も作成し、把握するようにしました。

布施

プライベートなことですし、定型的なものがあるわけではないので難しいのですが、入居時には、ご入居者やご家族にお伺いできる範囲でヒアリングし、また入居後に新たに分かったことなどを加えて全職員で共有するようにしました。こうなった場合にはどこに電話するか、最初はこの方へ連絡するとか、逆にこの人には連絡をしてはいけない、といったことも書いていきます。入居された時点で、すでにご兄弟姉妹の関係が悪くなっているということも少なくないのです。職員が善意でおこなったことが逆にクレームになってしまうこともある。

ご家族の方から『父にこれはさせないで』とご入居者本人には内緒で職員が頼まれることもあります。例えば、月に幾ら以上は買い物をさせないでというご要望がある。すでにその金額を超えてしまっている月に、移動販売がやって来る場合には、当のご入居者にはあえてお知らせしないことになります。介護の仕事は複雑な家族関係を把握しながら進めていかなければならない側面もあります。家族関係は個別性もあるためマニュアル化できることではないため、職員一人一人が頭の中に入れておかなければなりません。ご入居者のため、ご家族のために各々の家族の関係性をしっかり頭に入れておこう、覚えようと努力することが必要です。

ご入居者の家族関係の把握は、人生経験がまだ浅い若い職員や現場に馴れない、特に新人職員には難しいでしょう。職員一人一人が、その重要性を認識したうえでコツコツと努力しながら、施設長はじめ、ベテランの先輩職員からのアドバイスを得ながらご家族との関係づくりについて学んでいくことも、プロフェッショナル介護人の重要な仕事でもあります。

「看取り計画書」をつくる

介護施設の多くがご入居者を最期までお見送りするところまで終身介護を行います。いつかはお亡くなりになるときが来る。そのときに穏やかに静かにお別れができるよう、私たちはご家族との間で「看取り計画書」を交わすようにしました。救急車を呼び、病院の救急外来にお連れするかどうか、それともお部屋で自然のままに過ごしていただくか、人生の最期に関するあらかじめのお約束です。私たちは計画書に沿って行動します。施設長は、ご入居者の体力の衰えが顕著に表れると、ご家族と相談しながら「看取り計画書」を交わし、最期の時に備えます。

布施

例えば、『お父様がもし苦しそうだったらどうしましょうか。病院にお連れしますか?』『かなりの苦しみを訴えるようであれば病院に連れていってください。もし、そうでなければ、そのままの状態にしながら注意深く見守っていただければ。その判断は施設長と職員の皆様にお任せしたいと思います』というような生々しいお話もします。しかし、この現実感(リアリティ)がとても重要です。私もいない、職員の数が大幅に減る夜勤帯にご入居者の様子が急変した場合、夜勤職員が慌てず落ち着いて対応できるようにするためにも、「看取り計画書」を交わしておくことがとても重要です。計画書の内容はさまざまな場面や状況を想定しながら細かく作成していきます。8年間の間に約90人の方をお見送りしました。幸い、職員が慌てたり動揺するようなケースはありませんでした。職員が見回りの際にお部屋へ入ったときには、もう既に息がなかったという場合は当然警察が調査に入りますが、状況を調べ事件性がないと分かると、書類の作成のみで終わります。

職員としての経験が長くなるほどしっかりと対応できるようになっていきました。ご入居者の状態から推測し、特に今晩はしっかりと様子を見ておかなければならないと判断すると、ドクターとご家族にはあらかじめご連絡をしておきます。そうすれば、いざというときにも冷静に対応ができます。ご家族を呼んで、お部屋に泊まっていただき、最期を看取っていただくことも多くありました。ご家族は亡くなる瞬間まで一緒のお部屋で過ごすことができます。いよいよとなれば待機していただいていたドクターを呼びます。そして旅立たれたときは『施設長、今息を引き取られました』という連絡がすぐに私の元へ入ります。ドクターが確認して死亡診断書を書く。いつもお別れは辛いですが、私たちの老人ホームでしっかりお見送りできたということは、私自身や職員自身の心の救いにもなります。

感染症対策はマニュアルの徹底で

何度も繰り返しお話しすることですが、介護施設運営には、さまざまなリスクが伴います。ご入居者とのお別れがあるということ、そしてまた、体力が衰えている方が多いため、感染症の予防や災害時の避難計画など、しっかりと準備をしておかなければなりません。介護施設での事故や被災時の対応の問題などは、盛んにニュースでも報じられています。万全を期さなければなりません。

特に怖いのが、インフルエンザやノロウイルス、食中毒などの集団感染です。あっという間に広がってしまい、職員にも感染する可能性があります。ご入居者の健康はもちろん、職員の健康、介護施設の運営継続までが危機に瀕してしまいます。感染者がでれば、人の動きは大幅に制限され、通常の介護業務はできません。新たなご入居者の募集も止まります。

「基本的なことかもしれないけど、感染症対応はとにかくマニュアルの徹底しかない」というのが私と施設長との共通認識でした。それも自治体が配布している共通のものではなく私たちの老人ホーム独自の実践的なマニュアルが不可欠だと考え、作成にはかなりの力を入れました。何回も検討を重ね、つくり直し、細かく内容を定めました。感染が起こったときに、ルートを逆に辿ることによって感染源を突き止める。そして、それ以上拡大させないための封じ込め策を講じる。職員全員が予防注射を受ける。家族がもしインフルエンザに感染したら5日間は出勤停止。治癒証明を持たずに出勤してはいけない、感染したご入居者のお部屋に入るときの防衣の着方とか消毒の仕方などかなり細かい点まで考察し、あらゆるシナリオを想定し、一つ一つ決め事をしていきました。完璧で最高レベルのマニュアルができたと自負しています。実際、このマニュアルの効果は絶大であり、マニュアル実践後の感染事例はほぼゼロになりました。感染症対策は「実態に合わせた実践的なマニュアル」作成が第一であり、第二はマニュアルを実践していくうえで現場内での、そして、現場責任者と経営側との間でのスピーディーな情報共有と連携です。

消防避難訓練も実践的に行う

感染と並ぶ介護施設のリスクは、被災が発生したときです。建物の耐震性が確保できていること、スプリンクラーなどの消防設備の整備等はハード的側面からは重要になります。加えて、発災時にご入居者を安全な場所に的確に誘導するためには、繰り返し消防避難訓練を実施することによって、職員の判断力を万全のものにしていく必要があります。消防訓練はもちろん、人工呼吸法やＡＥＤの使い方の講習などを定期的に行うことも必要です。

布施

オープン当初のころの消防避難訓練は月並みでした。でも、本当に火事となれば現場は相当に慌てて混乱しているだろうし、予測できないことも起こり得ます。これでは意味がない。例えば出火したら防火戸を閉める。防火戸を閉めたら、次にどこで何をするのかなど、少しずつ訓練を実践的なものにレベルアップしていきました。火災報知器の扱い方、鳴っているベルの止め方。夜勤を想定した訓練もしました。人工呼吸も慌てると意外とできないものです。ヘルメットや懐中電灯、消火器が、どこに幾つあるかということも、職員がきちんと覚えていなければ意味がありません。

施設長が中心となり現場目線で実践的な訓練を重ね、防災マニュアルも毎年改定を重ねながらより実践的現実的なものになっていきました。私は、ご入居者に対して、消防避難訓練等の機会を捉えて、建物自体の地震や火災に対する高い安全性を繰り返しお伝えするようにしました。細かい部屋に区画されている建物は大地震に襲われても非常に強く、スプリンクラーはもちろん防火戸もしっかり備えているため、火や煙も小さな区画に閉じ込めてしまうことができる。日頃より消防署との連携もしっかり取れているので、消防車の到着も早い。よって万が一出火したとしても、どうか安心してゆっくり行動してください、と何度も重ねてお伝えしていきました。

究極のリスクマネジメントは人材の育成

介護施設の運営に伴うリスクを回避するため、現場ではさまざまな対策に取り組み、マニュアル化できるものはマニュアル化し、また全職員が共通認識しておくべき重要事項は共有化を徹底しました。ご入居者が安全で安心な暮らしを続けていただけるように、さまざまなリスクマネジメントが必要です。最近では、介護現場における虐待といった問題がクローズアップされています。そのような問題に対する外部からの視線は非常に敏感なものになっています。会社の信用を失墜させる、いわゆる〝レピュテーションリスク〟にも配慮が必要です。そうしたことを突き詰めて考えていくと、結局最後の拠りどころになるのは、私たちが目指す理念に共感し、その実現のために共に歩んでくれる人材を育てることです。人材育成こそ究極のリスクマネジメントになっていきます。それと同時に、何か現場で問題が発生したときにそれが滞ることなく素早く現場責任者や経営者に上がってくるような透明性のある風通しのよい組織づくりを行っていくことです。

記録が透明性を担保する

透明性の高い介護施設運営という点では記録は大変重要です。介護現場の長い経験から、記録に関する施設長の方針は明確でした。とにかくきちんと記録を残す。記録があることで振り返りができる。もし仮に、ご入居者がお部屋でお亡くなりになられた後、警察が調査に入った場合でも、バイタルチェックのデータや日々のご様子等を克明に記録しておくことによって事件性のないことが明確になります。また、記録を残すことが徹底している介護施設は、運営全般に対する信頼性も高まります。

布施

根拠のない誤解やクレーム、トラブルを招かないためにも、記録は本当に重要です。現場を預かるということは、記録をきちんと残し積み上げることです。そもそも事実をベールに包んでいたら記録は取れません。事実をきちんと示してもらい、必要に応じてカンファレンスを行い、そのカンファレンスの内容をさらに記録に残す。

例えば、転んで骨折したという事故があったとします。介護施設では少なからず起こり得る事故です。どこでどんなことが起きて骨折したのか、ドクターにはいつ診せたのか、診断内容はどうで、その後の経過はどうか。ご家族にはいつ誰が伝えたか——すべて克明に「事故報告書」という形で記録をとっておく。場合によっては、ご家族が不審に思い、監督官庁や警察に訴え、調査が入るかもしれません。そのとき、事故の状況やその後の経過が克明に文書化され記録されていれば、事実が鮮明に浮き上がってきます。詳細な記録を見て、『よく対応していますね』と、逆に褒められることもありました。早い対処、透明性、そして記録。この3つがきちんとしていれば、施設側が疑われるようなことは起きないのです。

施設長が利用していた「事故報告書」は、施設長ご自身が工夫を加えたオリジナルの報告書でした。事故の経過だけでなく、2時間後、6時間後、12時間後、24時間後、48時間後まで、バイタルチェックの結果がすべて記録されています。提出義務はなくても、施設長はこのオリジナルの報告書を必要に応じて監督官庁に送っていました。

行政との透明性ある綿密なコミュニケーションを日頃から心掛けることは、行政との信頼関係構築にもつながっていきます。

経営者と現場が同じ意識を持つこと

介護施設のすべてに通じることですが、リスクマネジメントにおいても、経営者と現場責任者が、それぞれ何を考え目指しているのか、お互いに認識し理解し合うことが重要です。経営者と現場責任者の間が分断されていたりすると、現場で行われているリスクマネジメントが経営者に伝わらず、逆に経営者側にリスクマネジメントの意識があったとしても、現場に徹底されないということにもなってしまいます。例えば、ここは費用がかかったとしても対処すべきだ、と現場責任者が思うことを経営者が理解し、合意に至らなければ介護施設のリスクマネジメントは前進しません。

上から現場を押さえるような経営者であってはよくないし、逆に経営者ばかり見るイエスマンの現場責任者であってはいけないという認識を持ち、経営者と現場責任者、それぞれの立場を意識しながら私と施設長はお互い遠慮することなく何度も真剣な議論を重ねてきました。経営者と現場責任者の考え方や方向性が合致していること。それがリスクマネジメントの基盤になっていきます。

コラム：私が出会ったプロフェッショナル介護人たちの過去、現在、そして未来 ②

青木和子

●在職期間

5年3カ月
（平成22年10月～平成27年12月）

●業務を通じて得られたこと、感じたこと

私が介護の仕事をはじめたのは今から約17年前。「少しでも誰かの役にたちたい」との思いからでした。

ヘルパー資格取得のために通った学校では志の高い多くの仲間と出会い、そして介護の素晴らしさについて仲間たちとたくさん語り合いました。学校での学びの時間はとても楽しく、充実していました。勉強中も少しでも早く介護の仕事をしたいとの思いが強かった

ことを、今でも覚えています。

資格取得後は、2人の子供もまだ小さかったこともあり、仕事と家族と過ごす時間のバランスを比較的取りやすい訪問介護の仕事に決め、いよいよ介護の仕事をスタート。約5年間の訪問介護の仕事を通じ多くのご利用者やご家族と接し、ご家族の方が在宅で24時間介護されていることの大変さを身に染みて感じ、介護させていただいた皆様の人生の最期まで寄り添っていきたい、と考えるようになりました。時間が経つにしたがい、それが「看取り介護ができる介護施設で働きたい」という具体的な思いに繋がっていったように思います。

数多くの介護施設を見学し、多くの方々と出会いました。布施施設長との初めての出会いは採用面接。長い時間をかけ介護への思いや理念などを伺うことができ、とても感動しました。面接が終わり、「布施施設長の下で働き、同じ思いを共有できるようになりたい」と強く思いました。

採用面接は無事に合格。そして老人ホームでの仕事が始まりました。

当初、介護現場の経験があるし大丈夫だと思っていましたが、訪問介護のようにご利用者とヘルパー一対一の関係ではなく、100名以上のご入居者が生活されている老人ホームでの仕事は想像以上に大変でした。すべてのご入居者のお名前を覚える事はもちろん、ADL(日常生活動作)や既往歴の把握など、決して間違いがあってはなりません。

働き始めていつの間にか、ひたすらに誘導そして排泄介助、入浴介助など、すべての仕事を与えられた時間内に終わらせることばかり考えるようになっていました。当時はとにかく必死で、私の体力と精神力は限界近くに達していました。

そんななか、私を温かく見守り、常に声を掛けて下さったのが施設長です。そして、当時介護部門の責任者だった片岡さんにも多くの場面でサポートしていただきました。学んだことは数え切れません。一人一人のスタッフの声にも耳を傾け、「どうしたら仕事がしやすい環境になるか」を常に考え、模索されていました。

「私たちの老人ホームをみんなで良くしていこう!」「みんなで一緒に頑張ろう!」。そんな環境のなかで、ますます介護の仕事にやりがいを感じ、次第に仕事を楽しめるようになっていきました。

スタッフの皆さんは向上心がとても高く、介護へ強いこだわりを持つ情熱的な方が沢山いました。そんなスタッフの姿を見て、「私も指示されたことをただこなすだけではなく、もっと勉強し、介護について熱く語り、意見交換ができるようになりたい」と強く思いました。

いつもそばに仲間がいるという安心感で満ち溢れていました。介護の仕事を行うにあたっては技術的な介護スキルはもちろん大切ですが、それと同じくらい、共に切磋琢磨し、困っているときに手を差し伸べ合う仲間の存在は貴重です。

現在、当時の仲間は各々の介護現場で活躍しています。そんな素晴らしい仲間とまた一緒に仕事をしたいと今でも思います。

●現在の仕事内容・当時の経験が生きていると感じること

現在、ヘルパー資格取得のための学校で講師をしながら、機能訓練型半日デイサービスで働いています。学校では、高い介護理念を持ってこれからの介護業界で活躍してくれる方を育てていきたいという思いで指導を行っています。布施施設長や当時の仲間と切磋琢磨してきて学んだことや気づき、介護という仕事の素晴らしさもしっかりと伝えながら、日々の業務に邁進しています。

●これからのキャリアプラン

海外の介護の考え方を学んだり、海外で介護現場経験を積んでみたいと思っています。また、介護ニーズが高まるなかで、働き手となる優秀な介護職員へのニーズも高まっていきます。海外で日本の介護技術や介護の考え方を教え、素晴らしい介護人材を育て、海外と日本の介護の架け橋をする役割を担いたいと思っています。

●現在介護現場で働いている方やこれから働きたいと考えている方へのメッセージ

介護現場で実際に働いてみると、「理想」と「現実」のギャップに驚かれると思います。介護の働き手不足により、時間に追われる日々が重なっていくこととは思いますが、今、ご高齢者の方が、何が辛く、どんな不満や悲しみを抱いているのかを知ることはとても重要です。現場ではとても忙しい時間が流れていくとは思いますが、ご高齢者の方とは温かくて濃密なコミュニケーションを取り、心と心が触れ合う時間を許される限りつくるように心掛けていけば、良い介護ができると信じています。私もまだまだ成長過程。介護の仕事を通じ、お互い切磋琢磨しながら一緒に成長していきましょう！

［第5章］

一人では介護職は成り立たない。職場のモチベーションまで高めるのがプロの介護人【組織づくり】

職員をまとめるのは理念

組織を一つにまとめていくには、共通の理念や目標が必要です。しかも介護事業は、目標数字を明確に掲げ、その実現を目指してひたすら突き進んでいくというだけの世界ではありません。もちろん、売上と利益は追求していかねば施設運営の継続は困難になります。給料の支払いが滞るような収益面で不安定な会社には職員も集まりません。会社経営と現場運営のバランスを取ることが難しいのが介護事業。その両方のバランスを職員に意識させながら、組織として一丸となるための軸が必要だと思いました。その軸が基本理念と運営理念です。

「ご入居者に快適で安らぎのある暮らしをお届けします」が私たちの基本理念でした。そして、基本理念を実現するためにはどのような姿勢で業務に臨むべきかということを示すものが「運営理念」。その「運営理念」は4つの柱で構成されています。「一、ご入居される皆様のために、真心のこもった質の高いケアサービスをご提供します」「二、働く職員のために、やりがいと誇りを持てる職場環境づくりをします」「三、地域社会のために、保健・医療・福祉・介護サービスを通じて、地域の人々との強い絆を育みます」「四、信頼を得られる施設になるために、安定的な財務基盤と透明性の高い運営基盤、法令、ルール遵守の徹底を目指し、多くの皆様から信頼を得られる施設にします」。

全員が一丸となって目指すべき高い理念。と同時に、財政的にも強く、法令を遵守する規律ある、社会に貢献できる組織にしたいという私なりの思いを表現したものでした。

理念を毎日の仕事のなかに貫く

もちろん、理念を掲げたからといって、すぐにそれが全員のものになり、実現されていくわけではありません。オープン当初から施設長と共に苦労してきたことは、さまざまなバックグラウンドを有する人たちが飛び込んでくる介護業界において、組織を一つにまとめ上げていくことでした。「別に待遇や地位は上がらなくていい」「あまり大きな責任は負いたくない」という職員がいます。「介護の仕事しかなかった」という理由で入社してくる職員もいます。どの業界、どの組織にも、多かれ少なかれそのような人は存在すると思います。しかし、特に介護業界はその割合が多い業界かもしれません。一方では、ご高齢の方が幸福な余生を過ごすために尽くしたい、という高い理想を胸に抱いている人も多くいます。

現場では、施設長を先頭に、毎朝、朝礼で理念を唱和してから一日の仕事が始まりました。職員を交えての会議の際には、理念の内容について意見交換する、という地道な作業を重ねていきました。

布施

現場では、自分で判断して即対応しなければならないことも出てきます。会社の理念はそういうときの拠りどころになります。また私はしばしば職員から『施設長、私は今こういうことで悩んでいるのですが、どうしたらいいと思いますか？』と聞かれることもあります。そういうときには『まずは理念を思い出してください。最初に何て書いてある？「快適で安らぎのある暮らしをお届けする」って書いてあるよね。それを思い出せば答えはきっと出てくると思うよ』と伝えるようにしていました。もちろん、こうしてくださいと、具体的な行動を示すこともありますが、ある程度経験もあり自分で考えることができる職員には、自分の力で考え、理念を具体的な行動に結びつけて実践していって欲しいと思っていました。

「理念を思い出し自分自身で考えていって欲しい」という施設長の現場指導は着実に浸透していきました。社内報にこのような思いを綴った職員がいます。

「毎朝皆で理念を唱和していますが、職員一人一人がどのように感じていて、日常の業務にどのようにあてはめているのかと、考えることがあります。ご入居者にとって快適で安らぎのある暮らしをお届けし、質の高いケアサービスをお届けすると約束はしていますが、あるとき、業務のなかでご入居様に対して『そんなわがままなことをされては困りますので、我慢していただけますか』というある職員の声掛けを耳にした際、『なぜそのような言葉になってしまうんだろう?』『相手の立場に立って考えているのかな?』と残念な気持ちになることもありました。質の高いケアサービスとは、相手が感じていること、思っていること、考えていることに共感して寄り添うことから始まります。職員それぞれいろいろな考え方もありこれまでやってきた仕事のやり方があるのかもしれません。その考えややり方を急に変えていくことは難しいと思います。でも、職員全員が一丸となり少しずつ目指す理念に向かってゆっくりでも着実に歩んでいきたいと思います」

「理念に照らし合わせてどうすべきなのだろう？」——自らに対するその問い掛けの繰り返しは、介護の仕事を通じて成長していく力にもなっていきます。

「トイレットペーパー事件」がきっかけとなった研修

基本理念の根幹に関わるような問題やクレームが発生した場合には、施設長と相談しながら研修や議論の材料にしていきました。例えば「トイレットペーパー事件」です。「事件」などと言えば大げさですが、私が現場のトイレで遭遇したことでした。

トイレットペーパーが空のまま補充されていなかったことがありました。また、空にこそなっていないけれど、ペーパーの先がだらりとだらしなく引き出されたままということもありました。次にトイレを利用する方が困るのは分かりきっています。それはご入居者かもしれないし、訪れて来られたご家族かもしれない。ご見学者かもしれない。外部の業者かもしれない。診察に来られた主治医かもしれないし、職員かもしれない。自分の家ならできるはずのことが、なぜ職場でできないのか。私は大変がっかりしました。目指す理念の根幹に関わる問題だと思いました。そして、同じ組織に属する者同士、相手のことを思いながら一緒に仕事をするうえでの基本中の基本のマナーが守られていない。介護の仕事をする以前の大きな問題だと思いました。この「トイレットペーパー事件」を毎月の全体会議で取り上げることにしました。ただ一度の全体会議だけでは解決はされませんでした。

「次に使う人のことを考えよう、一緒に働く人への思いやりを持とう、誰がいつ見ても気持ちのよいトイレにするということを、誰かがやってくれるだろうではなく、一人一人が自分のこととしてやっていこう」ということを、ことあるごとに繰り返し言い続けました。そういう思いやりや、人がどう感じるかということへの想像力が、介護の仕事の基本だと思うからです。いや、介護の仕事とは関係なく、仕事を離れた日々の生活においてもとても大切なことだと思うからです。施設長はこんな事例も紹介していました。

布施

夜勤職員は夕方4時半に入って、途中交代で休憩を取りながら翌朝の9時半まで勤務します。職員が夜に排泄介助に入った際、もしご入居者のお部屋におむつのストックがなかったら大変です。夜中にストックヤードに取りに行かなければなりません。日勤職員が退社する前にお部屋を確認し、おむつの数が少なくなっていたら、夜勤者のために予備としておむつを部屋に追加しておけば、夜勤者は走り回らないで済みます。その心配りと気配り。それが人と人がつながる仕事というものです。

次に現場に入る職員の仕事に円滑につないでいこうという思いやりが、ご入居者への思いやりにもつながります。それが介護をする人が持っていなければならない大切な心だと、施設長は繰り返し職員に伝えていました。

同じ方向を目指して進む〝船〟に乗り合わせた者として

施設長と共に、職員を少人数のグループに分け何度も研修を実施していきました。その方法が理念を現場の隅々まで浸透するための近道になると考えたからです。かなりの時間がかかりましたが、着実に成果が出るのを実感することができました。私は社内報に、このように書きました。

「偶然にも同じ船に乗り合わせた私たち。穏やかな波を進むときもあれば、大波や嵐の中を突き進んでいかねばならないときもあります。そのとき、その波を乗り越えられるのは、気持ちを同じにする人たちの存在です。この船の船長である私、そして副船長である施設長。職員の皆さん、ぜひ気持ちを同じにして私や施設長について来てください。気持ちさえ同じであれば、見ている方向が全員同じであれば、必ずや真っ青な海に囲まれた美しい南の島に到達するはずです」

はたから見れば子供っぽいと感じるかもしれません。しかしそれぞれ育った環境が異なり、これまで会ったこともない人が何十人と集まって一つの目標に向かっていくときに、どうやってまとまって一つの目標に向かっていくか、とにかく心を一つにすることが大切だと思いました。

布施

「一艘の船だ」という木下社長の思いは、着実に現場に伝わってきました。このメンバーで、とにかくどこにも負けない良い介護施設をつくろう、とみんな燃えていました。ご入居者募集のチラシのポスティングも全職員が一丸となって交代しながらやりました。担当する業務の合間を見て『ではポスティングに行ってまいります』という具合に。ご見学者がいらっしゃる日は、緊張感を持ってあらかじめ見学用のお部屋内を見回ったり、皆であいさつの仕方を練習したりしました。

介護に習熟し職員からの信頼も厚い人が現場をまとめる

およそ90名近い職員を擁する老人ホームの運営において、その要になるのは介護の現場に習熟し、職員をまとめていける優秀な現場責任者の存在でした。

介護の現場は経験豊かな信頼できる人に託すべきであり、その人を経由して、私の思いを伝えていくのがよいと考えました。私は経営の視点から、理念的なことや健全な経営の実現、組織のあり方などについて全職員に向けて発信し続ける。そして、現場を統率する現場責任者が、現場を代表してその発信を受け止め実行していく。

現場責任者という重要な役割を担ってくれる人を探し始めてから出会った人。それが、これまで本書でその活躍ぶりをお伝えしてきた布施施設長です。施設長は出会った当時は既に20年近く介護の仕事に携わってきた大ベテラン。そして、2つの介護施設での施設長経験もある。現場責任者としての統率力と同時に、心温まるやさしさを兼ね備えた人。しかし、出会った当初はお互い相手のことは何も知りません。年齢も親子ほどの開きがあります。しかし、目指すべき介護施設のあり方や施設運営上の相談を重ねるうちに、経営者の考えも十分に理解し、現場職員の気持ちも大切にする、非常にバランス感覚のある人だということが分かってきました。現場経験が長くなると、ともすれば現場職員側の利害だけを主張し、経営者の考えや目指すべき方向を理解しようとしない現場責任者もいる。逆に、経営者に対する単なる「イエスマン」であったら、現場職員が置き去りになってしまいます。施設長とは、どのような老人ホームを目指していくべきか、何度も何度も話し合いを重ねました。時には激論にもなりました。本音をぶつけ合った話し合いを重ねるなかで、この人なら安心して現場を任せられる、という気持ちが日ごとに強くなっていきました。施設長は現場を、私は経営をしっかり見ていく、という役割分担が自然にできていきました。私は目指すべき理念へ到達するためのレールを敷く。そこに施設長が電車を走らせるという感じでしょうか。その根底には、そこに関わる関係者全員が誇りの持てる老人ホームにしていこう、という共通の認識と目標がありました。

現場に来てくださいという直言も

想像した通り、施設長は現場の状況や士気を見ながら、必要なときには遠慮なく私に直言をする人でした。「今はできる限り多く現場に来るようにしてください」というのもその一つです。

布施

社長の顔を見たことがないという介護施設もたくさんあるんです。でもそれは決して良いことではない、と私は思っています。社長の姿を現場で職員が見たこともない、社長と話したこともない、顔も知らないというのでは、経営者と現場の距離が遠すぎます。本当に現場のことを知っているのか、分かっていてくれるのか、職員は不安になってしまいます。『木下社長、今の現場を流れる雰囲気から感じたことを直接申し上げると、今週は毎日来てください。そして、職員に声を掛けてあげてください。そうすれば、現場の士気も必ず高まります』と幾度となくお願いしたこともありました。社内報に木下社長のメッセージを掲載するのも、私がお願いして始めたことでした。

「木下社長、経営状態が苦しい時ではありますが、なんとか少額でもいいですから、慰労の一時金を出してください。今の現場の様子を見ると、経営者としての意思表示が必要なタイミングだと思います」ということも、施設長からの進言でした。

また、これまで利用料金の改定の際にも施設長と時間をかけて協議をしました。現場目線で考えると「ご入居者やご家族からの不満やクレームにもつながるので、値上げはすべきではない」という意見に傾きがちです。しかし施設長の意見は「今回の給食費用の値上げはやむを得ないと思います。その値上げの理由をお一人お一人が十分に理解できるよう、口頭や書面でしっかりと説明していけばきっと分かって頂けるはずです」という内容でした。

コンプライアンスや安全に関するマニュアルについても、経営者の考えは絶対遵守であり、その点ではやや硬直した考えになりがちですが、現場での工夫や努力によって、そして柔軟な判断や適用によって、理想は理想として、現実も見据えながら柔軟に対応することによって、それがご入居者の生活の快適さや喜びを大きくするということにもつながります。そんな考え方を示唆してくれたのも施設長でした。

任せると決めたら任せる

私の「現場は施設長に任せた」という決断は、施設長にとっても仕事のしやすい環境につながったようです。

布施

任せていただけたからこそ、自分の思いが発揮できたと思います。未解決問題がないように、木下社長との間では最初は細かなこともすべて報告していました。これでもういいだろうという曖昧なところは一切残さずに。お互いが納得して解決するまでは、どちらも一歩も引かない。曖昧な形での妥協はしない。それを最初から積み重ねていったことで、あるとき、木下社長からは『細かな問題の解決や対応に関しては施設長にお任せします。重要だと施設長が判断する問題については、適宜報告を行ってもらえれば』と言っていただきました。施設長としての仕事は過去にも携わってきています。隅々まで非常に細かく現場をチェックをする経営者とも仕事をしたこともあります。しかし、木下社長は私を信じて任せてくださったので、重い責任は感じましたが、やりがいもあり、今までとは異なる姿勢や考え方で施設長としての大きな仕事ができました。本当に感謝しています。

現場の細かな対応は施設長にすべて任せたと決めた以上、現場との境界線を安易に飛び越えないよう意識しました。任せたと言っていながら現場に過度に介入すれば、現場が混乱します。任せた以上は、信頼して任せる。確かに、現場からは直接的・間接的にいろいろな話が私の耳に入ってきます。現場の職員から見た施設長のリーダー像もあるでしょう。もしかしたら施設長への不満を言いたい人もいるかもしれません。でも、そういうことが私の耳に入ってきたとしても、それは一つの意見に過ぎません。施設長に任せているわけですから、私は施設長を通して現場を知り、施設長を通じて現場に意見を発信する。そのスタンスや距離感は何があろうと絶対に変えてはいけない。そのスタンスを崩して私が施設長の元で働く現場職員たちに直接指示したり進言したら、組織やチームが混乱します。それは介護施設でなくても、どのような会社・組織でもトップに立つ人間としての必要な

心構えだと思います。

経営者には〝右腕〟が必要

10人、20人の組織なら経営者が現場を直接マネジメントすることができるでしょう。しかし、それ以上の規模の組織になると、現場を直接マネジメントする人間が新たに必要になってきます。それを託すのが経営者の〝右腕〟という存在かもしれません。組織とはどうあるべきかということを分かったうえで、経営者側の意見にも耳を傾け、現場の意向もくみあげながら、全体の業務を円滑に遂行していく存在。その意味で、施設長はまさに私の〝右腕〟的な存在でした。

職員に甘いだけの施設長には、無秩序にいろいろなところから情報が入り、職員からの相談が始まり、収拾がつかなくなってしまいます。自分の直属の上司を飛び超えて施設長に直接指示を仰ぐといったことも出てきます。しかし施設長はそれを決して許しませんでした。職員から相談や進言があった場合でも、「それはまずあなたの直属の上司に言うべきことでしょう。順序を守らなければ指揮系統の秩序が乱れてしまいます」と。これはなかなか言えないことです。もしかしたら職員から嫌われてしまうかもしれません。耳を貸してくれなかったと不満を募らせたりする職員も出てくるかもしれません。例えそのような結果になったとしても、組織やチームの規律や秩序は守る。と同時に、仕事以外の個人的な悩みや相談については、それは「私」の部分だから、親身に相談に乗る。状況を考え公私を分ける。この感覚が非常に重要だと思います。〝右腕〟にはこの感覚がとても重要。ただ現場に厳しく、経営者が発信することを「上から下に伝達する」だけの存在では、〝右腕〟として信頼できません。

「経営者は現場責任者を信頼する。そして、現場責任者から信頼された経営者が指揮を執る」。そのような信頼関係が構築できている介護施設こそ、介護のプロフェッショナルを目指す職員にとって働きがいのある職場であり、介護の仕事を通して自らの介護技術を磨き、人間性を高め、さらなる成長と飛躍を可能にする場であると思います。

組織で働いた経験のない人をまとめる

ニーズが多種多様で求める水準も高くなる介護の仕事において、ご満足いただける介護サービスを提供していくために、介護職員には高度な技術や豊富な経験、そして高い人間性が求められます。しかしながら、必ずしも介護の仕事が好きで、前向きな理由で入社してくる人ばかりとは限りません。また、会社という組織のなかで仕事をした経験がない人も入社してきます。会社勤務経験のない方に対しては、ゼロから、そもそも「会社という組織で働く」ということから教えていく必要があります。

布施

少数ですが、ごく初歩的な接遇マナーすら身につけていない人もいます。極端に言うと、『なぜ挨拶が必要なのか』、そんな初歩的なことが理解できない若い人も入社してくる場合もあります。『電話の受け答えがなぜこんなに丁寧でなければいけないんだろう』『なぜご入居者にここまで丁重な言葉使いをしなければならないんだろう』――そういうことも理解していない人もなかにはいます。また、注意されたり失敗したことをバネにできる人も少ないかもしれません。男性が中心の会社で仕事をしていた人、特に営業経験が長い人などは、周囲から叱咤されながらもそれをバネにして伸びてきたということもあると思います。一方、女性、特に私のように主婦の経験しかない人は、注意されたり、『駄目じゃない』と言われることに慣れていないため、まるで人格を否定されたかのように受け止めてへこんでしまいます。注意されたことが原因で辞めるということもあります。会社組織の指示系統や縦社会にも慣れていません。会社勤めを経験した人であれば、組織の階層を飛び越えて相談したり意見を言うことは秩序を乱す可能性もあり、避けたほうが良いこととして受け止めている方もいます。しかし、そのような考えや経験のない職員から直接施設長である私に話が来ることもたくさんあるのです。『あの人がこう言った』『私はこう言われた』『ちょっとやっていけません』と。でもそれは愚痴でしかありません。私は必ず返します。『それは私に言うことじゃないよね。直属の上司がいるでしょう？　まずあなたの直属の上司に言うべきです。ですから、あなたのお話は私は聞くことはしません』と。すると言われた職員は不満そうな態度や表情を示しますが、もしそこで私が『それはひどいね、私があなたの直属の上司に言ってあげましょう』と受けてしまったら、直属の上司の立つ瀬がないし、組織の秩序は乱れてしまいます。『直属の上司が私に言ってきた時は話は聞くけれど、あなたが直属の上司を飛びえて私に直接話すのは筋道が違うでしょう』と教えてきました。

しかし施設長が優れているのは、そのままにしないことです。先にもご紹介しましたが、職員のプライベートな悩みについては、別個に時間を設けて温かくサポートをしていました。プライベートな悩みに対する施設長の相談はとても手厚いものでした。職員にとってはさぞかし励みになったと思います。

「仕方なく入ってきた人」をいかに定着させるか

働き手が枯渇している介護業界では、どの介護施設も常に人材を募集していますので、介護の仕事の経験がなくても仕事場を見つけやすくなっています。例えば、母子家庭で、子供を育てていかなければならないときに、よほどキャリアのある女性は別にして、ハローワークに行けば介護施設を紹介され「経験はなくとも、まずは面接を受け、いろいろと話を聞いてみてはいかがでしょうか」と言われ、そのまま面接を受け、介護施設に就職する。そのような人は少なくありません。

布施

私のように、根っから介護の仕事が好きだという人はいいんです。自発的に仕事をこなし、介護の仕事に生きがいを感じながら、自らの力で成長していくでしょう。しかし何らかの事情で仕方なく介護業界に飛び込んできた人たちを、どうやって離職しないようにするか。特に家族の生計を支えている人は容易に辞められません。だからこそ私は、辛い、嫌だと思いながら仕事をするのではなく、介護の仕事を通じて成長できる、生きがいを感じられるような環境づくりを考えてあげたいと思うんです。

実際、施設長のサポートはきめの細かいものでした。

布施

介護施設に夜勤はつきものです。しかし、機械的にシフトを組んで全員にやってもらうというのは乱暴です。職員の子供がまだ幼いうちは夜勤シフトに組み込まないように気遣ってあげること。子供が中学生になり、高校生になって一人でも留守番ができるようになった段階で夜勤業務もやってみればいいんです。パートタイムでは月々の収入も少ないけれど、社員になり、夜勤業務をすれば収入は上がっていきます。それがまた新たな目標になり、やりがいにもなります。そうやって少しずつ仕事を増やしていくうちに、仕事に慣れ、心から介護の仕事が好きになっていくこともあるでしょう。実際、そういう経過を経てリーダー的存在として頑張っていく人も沢山います。生活のために辛いけれど我慢するというスタンスでは、いい介護はできません。慣れない初めての仕事ゆえに最初は辛く、我慢を強いられることもあるでしょう。しかし、時間と経験を重ねることにより、介護の仕事にやりがいを感じながら働けるような環境づくりを行うこと。それが上に立つ者の仕事だと思います。

もし私が、介護の仕事を心から好きではない施設長だったらどうなっていたことでしょう？　施設長をやってくださいと言われて『はい』と就任し、ただ現場のトップという意識だけで動いていたらどうなっていたことでしょう？　常に社長に好かれ、良い関係性を構築していくか、うまくやり過ごしていくか、そのことしか頭にない施設長で終わったかもしれない。でも、私自身がとても介護の仕事が好きだから、生きがいを感じる仕事であるからこそ、職員の皆さんにも介護の仕事を好きになってほしいという思いが特別強いんです。どのような理由であろうと、介護の世界に飛び込んでくる人たちにどうやって介護の仕事を好きになってもらえるだろうか、と考えながらサポートをしていく。それは少しも苦ではありませんでした。むしろ、介護の仕事の素晴らしさを一人一人に伝え、一人一人の成長を見届けられるやりがいのあることでもありました。

話を聞くだけでも意味がある

施設長の仕事は、職員の話を聞く、ご入居者の声を聞く、ご家族の声を聞く、ほとんどそれに尽きていたかもしれません。その点で施設長は、いつも熱心な聞き手になっていました。

布施

確かに、施設長としての私の仕事の大半は、「聞くこと」――それだったと思います。およそ90人の職員がいるなかで、少し元気がないなと感じる職員を見つけると、時間のある時を見計らって声を掛け『何かあったのかな?』と聞く。すると『いや実は、家でこういうことがあった。仕事が続けられないかもしれない』と。『じゃあ、もう少し時間をずらして働いてみる?』と投げかけてみる。子供が受験期を迎える時は、夜勤から外してあげたい。『日勤だけにして、また学校が決まったら夜勤に入ってみてはどうかな?』という提案をすることもありました。もちろん、そういうシフト変更により、そのしわ寄せは別の職員にいきます。『こういう訳で受験生がいるから、しばらくあなたの夜勤を増やしてくれないかな?』と別の職員に相談すると、『いいですよ』と快く引き受けてくれる。そういう調整が施設長としての私の重要な役割でした。『母が入院したため夕方早めに業務を終えたい』という話もありました。『わかった。お母様のお世話はとても大事なことなので、仕事と両立できるよう、しばらくは早番専門の職員として活躍してみるのはどうかな?』とか。そういう調整をきめ細かくしてあげることが職員が長く働きやすい環境づくりになります。

プライベートで、子供の進学の相談もありました。『今こんな学校を考えているけれど、今の子供の学力では入学は無理かもしれない』という悩みが職員から打ち明けられたときは、私が子供のときはこうだったとか、私が子育てしていたときはこのように勉強させたとか、私が重ねてきた経験を伝えるだけでもほっとしてくれたりするものです。金銭的なことでも相談を受けることがあり、アドバイスをすることもありました。プライベートのことも真剣に考え、なんとかやり繰りしようとしている職員たちはみんないい介護の仕事をしているので、なんとか頑張ってほしいと思うし、なんとか力になってあげたいと思ってきました。父子家庭の男性職員が、子供のために夕食を作って夜勤に入ってくるという姿を見ると、本当に応援したくなります。私が直接的に解決はできなくても、話に耳を傾けるだけで半分は解決します。分かってくれる人が一人いるだけで、しかもそれが現場責任者であれば職員は心から安心できるんです。

職員の声の聞き役としての私の役割。そしてもちろん、ご入居者の思いを聞くこと。

余生はこんなふうに過ごしていきたいという思い。そしてご家族との間のさまざまな関係。決していい関係ばかりではありません。確執もある。その調整をお願いされたこともあります。ご家族にどう伝えて、いかに理解してもらうか。「聞くことと調整」。それが施設長である私の仕事の大半なのです。

施設長は必要であれば職員の家族とも面談をしました。ご主人様または奥様に私たちの老人ホームにお越しいただいたり、ご自宅に訪問することで、職員が直面している不安や悩みを解決する方向に導くようにも考えていました。また、介護職に就く人は、母子家庭であったり父子家庭であることも珍しくはなく、家族関係に悩みやストレスを多く抱えている場合もあります。施設長はそんな職員たちのよき相談役でもありました。

介護の仕事の経験がただ長いということだけで、そのまま施設長になっている人も多いでしょう。しかし、介護の仕事の経験が長いということと、現場のトップリーダーとして組織やチームをつくり、率いていくことができるかどうかは次元の異なる話です。一人一人のモチベーションをいかに高めるか、職員たちにどうやって気持ちよく仕事をしてもらうか、働きやすい環境をつくることができるかどうか。そこに意識を向けられる現場のトップリーダーはそう多くはいません。施設長はまさに理想的な現場のトップリーダーでした。

最初の3カ月間をしっかりサポートする

介護職は離職率がとても高い仕事であることは多くの方が知るところだと思います。公的なデータからも明らかにそのことが読み取れます。しかし、その業界平均の離職率に比べ私たちの運営する老人ホームの離職率は大変低かったのではないかと思います。その理由の一つは、やはり施設長の存在です。特に、新たに入った職員が勤務を始めてからの三カ月間を、施設長は丁寧に見ていました。

布施

肉体的にも精神的にいちばん辛い時期は、現場に入ってからの三カ月間だと思うのです。仕事も覚えなければいけないし、体もきつい。分からないことも多い。疲れから食欲が落ち、気が休まらず夜もぐっすり眠れない――そんな状態になりがちです。

そういうときは、なるべく声をかけます。『今がいちばん辛いとき。これを乗り越えたら何かが見えてくるから、もう少し頑張ってみて』と。辛いことは決して否定しません。『辛いでしょう。よく分かるよ』と。『大丈夫よ、頑張って！』という元気づける言葉などは使いません。「辛い」という気持ちを共有することが大切だと思っています。

最初の三カ月間を無事に乗り越えると、その後は長く仕事を続けられる確率はぐっと高くなります。3カ月の次は3年間が目標になってきます。三年間現場の経験を積めば、介護福祉士の受験資格を有することになります。その資格を取得するため、3年間はまた新たな目標に向かって頑張ることができます。資格を取得すると、それをきっかけに退職していく人もいます。でもそれは別に構わない。他の介護施設での勤務を経験することがまた重要な経験になり、勉強にもなります。また、私たちの運営する老人ホーム卒業生として、他の介護施設で頑張ってくれる職員を輩出することができれば、人材育成も重要な役割と考える私としては、施設長冥利に尽きることです。

いったん巣立って行きながら、再び私たちの老人ホームへ戻ってきたという職員も複数名いました。皆口々に、『外に出てみて初めて木下社長や布施施設長が目指す理想の介護や介護の魅力が分かった』と言ってくれました。それは本当にうれしかったです。

一人一人の志を大切にする

これまで会社組織で働いたことのない人に作業効率や売上・利益の追求が重要であること、会社組織の運営にはルールや秩序、規律を守ることが大切であることを伝え、教育していくことはとても重要なことです。それと合わせて、介護の世界に飛び込んで来る人が持っている高い志を尊重することも大切です。

布施

現場の職員は、毎日ご入居者のお世話をするなかで相手に情が移っています。そこで直接的に、「利益、利益」と言われたら中には反発する職員も出てきます。『私たちは、売上や利益を求めてこの仕事をやってるんじゃない』と。

　そういうところもすべて飲み込んだ〝器の大きい〟経営者がいたら、会社も現場も素晴らしく伸びていくだろうと私は思います。介護の仕事に従事する人は、もちろん会社からお給料をいただくわけですから利益を出さなければいけないことは分かってはいます。一方で、介護の仕事がただ純粋に好きで好きでたまらなくて、仕事に没頭できるだけで十分満足という職員もいます。ご入居者の人数が増えないと売上・利益は伸びないし、十分な給料や賞与が出ないことは、聞かされれば確かにその通りだとは思いますが、それでも……もしかして、介護の仕事に従事する人は経営的視点を意識しない人が多いかもしれません。でも、それは決して悪いことではありません。その純粋さを頭から否定することはせず、職員一人一人の生計のためには経営的視点が大切であることを頭の片隅のどこかにて置いておいてもらえばよいことだと思います。経営的な感覚と介護の仕事のバランスを取ることの大切さを知っておいてもらうこと。まずはそれだけでも十分です。そのためにも、その両方の側面からのメッセージを継続的に発信していくことが重要です。決してごり押しはせず、全体会議などの社内会議や社内報を通じて地道に根気よく。

「社内報」でお互いにメッセージを送る

経営は社長である私、現場運営は施設長――役割分担は明確だったとはいえ、私が現場から浮いた存在ではいけないと考えてきました。施設長からも、「木下社長はどういう人なのか、何を考えているのか、具体的かつ明確に伝えられる工夫をしてほしい」と求められました。現場のことに事細かに口を出すということではなく、私はこういう人物で、このような環境で育ち、どんな考えで行動し、どのような目標・目的を持っているのか、ということを伝えていくこと。そこで施設長と相談しながら始めたのがこれまでも本書に幾度となく登場してきた「社内報」です。

週に一回、ご入居者の入退去の状況、実施した社内行事やイベントを記録すると同時に、「施設長」「介護」「ケアマネジャー」「看護」「入居相談」「経理」「総務」「サービス」の各部署ごとに「部門ミーティングで打ち合わせしたこと」と「今週の感動・喜び・楽しみ」について記入するというものでした。それを私が読み、コメントを記入して現場に戻す、というスタイルです。毎週、読むのが楽しみでした。社内報を通じてその意義について書いたことがあります。

「私は毎週、現場から送られてくる社内報を読むのを楽しみにしています。各部門、いろんな視点で現場のことを伝えてきてくれています。日々忙しいのに、本当にありがとう。私がこの社内報に期待するのは、忙しい仕事の合間を縫って部門毎の皆で集まり『今週は何を社長や施設長に伝えようか？　嬉しいことは？　感動したことは？　驚いたことは？』そんなことを、ワイワイと話し合う時間を持ってもらうことです。各々が感じたことや思っていることなどを、みんなで同じテーブルを囲みながら分かち合ってほしいと思っています」

そして私は、現場から送られてきた社内報を読んで社長記載欄にコメントを書き、現場へ送り返します。「まずは自分の身近な人に、精一杯の思いやりと愛情を。そこからすべてが始まる」とか「教え、教えられて一人の力が二人、三人……無限のパワーに。つながりが大切！」「地道に育んでいこう！　コミュニケーション力とチームワークを」「まわりの小さなことに、心から『ありがとう』と笑顔で言える人になりたい」――といった考えや思いを書き添えて。

　このような経営者と現場間のキャッチボールで繰り広げられた社内報は、毎週職員全員が読めるようにロッカールームに大きく掲示されていました。

布施

　自分が従っているリーダーがどういう人かも知らないのでは、働く人たちのやりがいも湧いてきません。社内報を通じて各々の部署が出してきたコメントに対し、木下社長や私自身が小まめにコメントを書いて返すこと。それをロッカールームに掲示してみんなが読むことで、『木下社長はこんなこと書いている。なかなか考えてくれているんだな』とか『布施施設長って、こんな些細なことに感動しているんだなぁ』と思ってくれたら、それだけで職員と心が通じていく、そんな思いを込めて一生懸命コメントを書きました。木下社長も私も。

部門長会議、全体会議で一丸となる

現場で出てきた問題や課題はさまざまな会議を通じて共有し、協議しながら解決策や打開策を探っていきました。まず毎月一度全職員を集めての「全体会議」がありました。次に私と施設長が、各部門長・リーダーと個別に話し合う「運営会議」。そして、各部門長・リーダーが全員で集まる「部門長・リーダー会議」。この3段構えの会議運営体制を組み立てました。

全体会議といっても業務を進めながらであったため、約90人の職員全員が集まれるわけではありません。パートの人や夜勤の人、お休みの人もいます。結果的に、全体会議の出席者数は50～60人くらいが平均でした。その代わり平日の日中に予備の時間を確保し、全体会議当日に出席できなかった職員はこの時間枠での会議に出席できるよう3段構えの全体会議体制にしました。全体会議は業務終了後の夕方5時半に始まり、長いときは2時間くらいを費やしました。疲れているため職員にも早く帰りたいという気持ちもあったかと思いますが、現場で出てきたクレームや問題点について掘り下げてディスカッションを行ったり、講師を招いてマナー研修なども行いました。クレーム対応についてはグループに分かれてクレームの原因分析や今後の対策等の検討を行い、グループごとに発表するなど、全員参加によって具体的なクレーム対応策を立てることができました。経営の観点から言えば、全体会議出席者には残業代を支払うことになります。しかし、全体会議は職員の意識を高め、仕事の質を向上させるためにも欠かせないものでした。

一般的な会社であれば、各部門の責任者が集まって会議を実施することはよくあることだと思います。しかしながら、介護の現場においては、各部門長・リーダーはたとえ30分であっても時間を確保するのが大変というくらいに忙しい状況です。各部門長・リーダーが集まる会議については最初は忙しいという理由での抵抗もありましたが、会議を通じて各部門長・リーダー間で問題点や課題を共有化したり、解決策などを協議していくことの重要性を訴え続けることで、会議の実施は浸透していきました。

人事評価で目指すものを示す

各部門長やリーダーになった人は、会社からの自分への期待や評価を感じることができますが、一般の職員は自分に対する評価を知ることはできません。

布施

『私の介護を布施施設長はどういうふうに見ているんだろう、木下社長はどう評価しているんだろう』ということは、皆さんとても気になることだと思います。しかしそれを具体的に伝える場がありませんでした。そこで、職員一人一人を正しく的確に評価し、さらにそれを待遇に反映させることが必要なのではないかと思いました。オープン当初厳しい財政状況のなかではありましたが、木下社長から賞与資金をいただけることになったので、その配分の基準づくりが必要でした。そこで評価制度を設けることにしました。

現場を任されている私が35の項目に沿って一人一人を評価するというものです。挨拶などのマナーは正しく身についているか、協調性やコミュニケーション力の有無、勤務を乱すようなことはないか、他の職員との仲間意識を持っているか、会議での積極的な発言があるか。その他、清潔感、服装、出勤日数など、さまざまな項目について評価し、それを点数化して得点の高さに応じて賞与金額に差をつけました。介護の仕事には一人一人スタイルがあります。客観的な横並びの評価は難しい点もあります。しかし、項目を細分化し、また透明化することによって、不公平感が出ないように努めました。

「勇気が必要だった」と施設長は当時を振り返っています。私も、評価制度の導入が職員にどう受け止められるか、少し不安を感じていました。しかし、結果はそうした不安を吹き飛ばすものでした。評価制度導入に向けての施設長の丁寧な進め方の賜物でもあったと思います。施設長は全員を評価した後、一人一人面談してその内容を説明していきました。

布施

確かに私にとっては勇気のいることでした。一生懸命仕事をしているのに、自分はこんな評価なのか、と不満に思う職員が出たらどうしようかという不安もあったからです。それがきっかけで退職してしまったら……。しかしそれは杞憂でした。『あなたはこういう評価で全体の何番目です』とはっきり伝え、『あなたの良いところはここ。でも、改善が必要なところはここ。だから点数がこうなっている。ここを伸ばせば来年は10番以内は確実だね』などと丁寧に説明しました。それが予想以上にいい結果になりました。『指摘されたことで自分の改善点がよく分かった』と言って、もっと自分を向上させようとする職員がたくさん出てきました。そして、私が指摘した点は日に日に改善されていきました。私も、良くなっていった点はしっかりと褒めました。『この間指摘したところ、とても良くなったね』と。それによって本人のモチベーションもさらに上がっていったはずです。現場責任者の一言はとても重みがあるものです。私をしっかり見てくれているんだ、ということにつながる。その意識が芽生えれば、あとは自然にどんどん伸びていきます。評価制度を導入したことによって、不満を漏らしたり、辞めてしまうような職員は一人も現れませんでした。不安を感じながらも思い切って導入した評価制度ですが、とてもいい結果につながりました。

施設長はさすがに職員からの信頼が厚い、と私はこの一連の評価活動を見ながら思いました。指摘を職員のみんなが素直に受け止めています。評価が大事なのは、会社がどういう職員を求めているか、何を大事にしているのか、それをメッセージとして伝えることができる点にあります。地道な作業ですが、これを繰り返すことで会社や組織、チームが目指す方向性がより明確になっていきます。きっと職員も会社の軸がぶれていることはないか、ということを見ているはず。基本理念や運営理念との矛盾はないか。社長の軸と施設長の軸はしっかりと噛み合っているのか。施設長と職員の一対一の評価面談は、会社と職員との真剣な対話の場になります。施設長は、その重みを意識しながら、職員一人一人を公平に丁寧に評価していきました。それが会社と現場の信頼関係を厚くし、また職員同士の団結力をさらに堅固なものにしたと思っています。ゆっくりと、でも着実にいい現場組織・チームができ上がりつつあるぞ、という手応えを感じました。

コラム：私が出会ったプロフェッショナル介護人たちの過去、現在、そして未来 ③

市原純子

●在職期間

４年６カ月

（平成24年3月〜平成28年8月）

●業務を通じて得られたこと、感じたこと

私がパートのスタッフとして入社したのはヘルパー2級の資格を取得したばかりの40歳になる年でした。

介護の仕事は全くの未経験で、右も左も分からない私の支えになったのは、私より一回り年が若いリーダーやパート仲間の存在でした。今でも思うのは、彼らの志の高さが後々の私の介護の仕事への向き合い方に大きく影響したことは間違いありません。介護については46歳になる今でも学ぶ日々ですが、ご高齢の方に寄り添う気持ちの大切さや接する態度など、介護職員として生涯忘れてはならないことを、人生で初めての介護現場で学ぶことができたのはとても幸運でした。

当時、時間を惜しまずに、ご入居者やスタッフの言葉へ耳を傾ける布施施設長の姿をよくお見掛けしました。それは相談室などの閉ざされた空間だけにとどまりません。オープンな談話コーナーのソファーで長い時間、同じご入居者とお話しされている光景は珍しくありませんでした。そんな光景はご入居者や私たちスタッフへも、自然と安心感を与えてくれるものであったと思います。

●現在の仕事内容・当時の経験が生きていると感じること

現在、私は認知症デイケアに勤務しています。重度の認知症の方に日中穏やかに過ごしていただくことで、心身の健康の維持や在宅生活の継続を可能にすることを目的としています。

主な業務内容は送迎、入浴介助、排泄介助、レクリエーションなどになりますが、患者様を受け入れるための準備や清掃なども含まれる為、あらゆる業務をこなす必要があります。

当時も老人ホーム側のスタッフとしてご入居者をデイサービスへ送り出しする業務も行っていましたが、今は逆に認知症デイケア側のスタッフとして患者様を迎えに行く立場となり、これまで考えも及ばなかった多くのことに気づかされます。その日の健康状態はもちろんのこと、患者様のお気持ちも日によって大きな変化があり、送迎車にご乗車いただけないことも珍しくはありません。そのような場合には、まずは患者様の不安な気持ちに寄り添い、それを取り除くことができれば理想的です。しかし、限られた時間のなかでは時にそれが叶わないこともあり、患者様ご本人が納得されない状態でご自宅を出発することもあります。しかしその背景には、送り出さなければならないご家族のお気持ちやご家族それぞれの日常生活など、さまざまな事情があることもまた事実です。

患者様の変化や不安な気持ちに的確に対応できているのか、もしできていなければどうすべきなのか、何が正解なのかという問題に日々直面しています。昨日それが正しいと思えたことでも今日は状況が違っていて振り出しに戻り、それを繰り返しながらも答えが見出せないことを何度も経験しています。そこで大事なことは職員同士の情報の共有です。些細なことだと思っても、患者様の変化に気づいた場合にはそれを職員同士で共有することで、その時々に応じた的確な対応が可能になります。お帰りになる際に患者様から「やっぱり来てよかったよ」といった言葉を掛けてくださったり笑顔を見せてくださったとき、答えは決して一つではないことを実感します。

ＡＤＬ（日常生活動作）もそれぞれ異なったさまざまなご入居者が生活されていた老人ホームでは、介護業務はもちろん、担当させて頂いたご入居者やご家族と時間をかけながら信頼関係を築いていく経験を重ねることで、多くの貴重な学びがありました。と同時にいつも思い出すことは、他部門・他職種のスタッフ間での連携や情報共有の大切さ。老人ホームはいわばご入居者の「家」です。私たちが自宅で当たり前のように行っている「衣食住」の生活がそこにはあるのです。

予算範囲内で工夫を凝らしながら作る1日3回の料理。１００名を超えるご入居者全ての方になるべく温かいまま召し上がっていただこうと工夫と努力を重ねる給食スタッフの姿を私は間近で見てきました。翌日デイサービスをご利用されるご入居者の準備で着替えが足りなくて私が困っていると早々と乾かして届けてくれる用務スタッフ、ナースコールが重なったときにその場の見守りを快く引き受けてくれる事務スタッフなど。日々いかに彼らに支えられながら介護業務に専念できていたことか。自身の業務をしっかりとこなしていくことはもちろんのことですが、老人ホームにおいてはお互いの連携が特に重要になってきます。その連携が私たちの老人ホームには確かにあったのです。そして今でも頑張っている仲間がそこにはいるのです。そのような貴重な経験が、介護の職種はまた違いますが、今の私の職場でも確実に生きています。

かつての仲間達が皆、同じようなことを言います。「外に出てみてスタッフたちが持ち、そして共有していた妥協しない信念――ブレない気持ちを改めて知ることになった。そういった当たり前のものが確かにあった」

そんな話を当時の仲間達とするたびに、布施施設長や仲間のスタッフたちと過ごした4

年半という時間が私の誇りになり、自信になっていることを実感します。

●これからのキャリアプラン

老人ホームとデイケアを経験している今、いつか訪問介護の経験を積みたいと思っています。ご利用者と介護職員一対一での関わり。同じ介護の仕事でも現場が変われば違う角度から見えてくることや学ぶことも多いと思うのです。

また、さまざまな介護業務の経験を積んだ後、将来的には生活相談員として介護施設などで勤務できたらと考えています。

●介護現場で働く人、これから働きたい人へのメッセージ

「人のお世話をする仕事なんて、大変でしょう……私にはできないわ」。これまで何度か耳にしてきました。確かに、そうかもしれません。

しかしそこには、それ以上にかけがえのない笑顔や笑いがあり、思いがけない驚きや喜びがあります。奇麗ごとのように聞こえるかもしれませんが、間違いのない事実です。今

も患者様と一緒になって涙が出るほどゲラゲラと心から笑っている自分がいます。それはお互いの年齢差によって起こりうる微笑ましい勘違いであったり、会話のなかで偶然に巻き起こる奇跡のようなエピソードなど。それを経験してしまうと、そんな出来事が愛おしく思えてならないのです。ご経験されている方の多くがそうではないでしょうか。

ご高齢の方のかけがえのない人生の終盤で、心から一緒に笑う時を共有できる。たとえほんの一時のことであったとしても素敵なことだと思いませんか？　もしかして介護のプロとしては無責任かもしれませんが、時として自分も心から楽しめること、自分が楽しめなくては他の人を笑顔になんてできないとも思うのです。

介護の仕事。もしかしたら適切な言葉ではないのかもしれませんが、これほどまでに素晴らしく、意義があり、自らも楽しみながら充実した時間を送れる仕事は他にはなかなかないと思います。そのことを少しでもお伝えできたのなら幸いです。

この度、思いがけずこのような機会を与えてくださったことに感謝の気持ちで一杯です。懐かしい出来事を思い出し、振り返ることができて、少し前の自分と向き合えた気がします。

［第6章］

〝プロフェッショナル介護人〟が業界の未来を支える

介護という仕事が持っている高いレベル

先にも触れたことですが、経営者として老人ホーム運営に携わる前には「介護は大変な仕事」という認識でしたが、時間が経つにつれ、その認識が変化していきました。実際の現場には、「介護はやりがいのある仕事」「介護の仕事にはたくさんの感動がある」「心の底から介護の仕事が好きだ」と言い切る職員がたくさんいました。

現場の仕事一つ一つは本当に地道な仕事です。大きな資金を動かすわけでもないし、具体的な形が残るような大きなモノをつくるのでもありません。日々親身にご入居者のお世話をして快適で安らぎのある毎日を過ごしていただく。それだけと言えばそれだけなのです。ご入居者からいただいた要望やクレームの検討、ご家族との関係づくり、職員の悩みをくみ上げ、その解決をどう図るか——日々話し合いを重ね、少しでもご入居者にとって居心地のよい生活空間をつくりあげていくこと。そのために反省と改善を重ねていく。毎日、その積み重ねです。ホテルのように限られた滞在期間の時間を快適に過ごしていただければそれでいいというのではありません。毎日生活を共にする。しかもご入居者はそれぞれに屈託があり、こだわりがあり、要望もある。そのような環境において、人と人とが一対一で向き合いながらの仕事。それが介護の仕事です。

介護の仕事を通じて得られるものは、どのような仕事にも活かせると思います。介護の仕事を通じて成長を成し遂げた人は、もし介護以外の仕事に就いたとしてもその力を十分に発揮できるように思います。なぜなら、どんな仕事も人と人とのつながりが基本にあるからです。

「介護は私の天職だと思う」

施設長からは多くのことを学ばせてもらいました。施設長は本当に介護の仕事が好きで、子育てを終えて40代後半で介護の業界に飛び込んでから20年以上、目をキラキラと輝かせながら働いてきました。介護業界にこんな人がいるのだと目をみはる思いでした。自分のやりたいこと、目指すことと、実際に携わる仕事が一致するケースというのはそれほどあることではないと思います。しかし施設長の場合は見事に一致していました。そのとき、人はとても大きな力を発揮できるのだと思います。

「介護は私の天職だと思う」――施設長の口癖でもあります。小学校の作文で将来の夢がテーマになったとき「人のお世話をする仕事がしたい」と書いたそうです。「それはきっと、父親の影響だと思います」と振り返っていました。

布施

私の家は6人兄弟でした。私が上から2番目で、上に姉、下には弟と妹が2人ずつ合わせて4人いました。父親は建具職人で彫刻の入った仏壇などを作っていましたが、終戦直後は仕事がほとんどなく、その代わり廃材を使って下駄を作っていました。私も小学校3年生の時に作り方を教えてもらいました。

当時、大晦日は家族総出で下駄作りをするのが習慣でした。お正月に戦争孤児の施設に寄付するためのものです。徹夜をして下駄を作り、施設に届けました。家族みんなで黙々と下駄作りをした。これが私の「奉仕」「福祉」の原点だと思います。当時、わが家は幸いにもなんとかお米は買えたようです。おかずはなかったけれど、おにぎりは口にできた。そうすると近所の子供たちが羨ましそうに見ます。父は言いました。

「お前にはおにぎり一つしかないけれど、そうしたいと思ったら半分あげなさい。でも、自分がひもじい思いをすると思うなら、あげなくてもよい」と。自分の気持ちに従いなさい。しかし、不自然なことをする必要はない。愛情を注ぐことは必要だけれど、自分の気持ちに素直であれ――そういう教えだったような気がします。

結婚後は子育てに追われました。夫は新聞記者で忙しかったので、子供たちのことは頼むという気持ちだったのでしょう。夫は私が外で働くことには反対でした。やがて2人の子供たちが立派に巣立っていきました。すぐに私は介護の勉強を始めて資格を取り、最初はヘルパーとして、介護の仕事をスタートしました。現場の仕事をこなしながら介護福祉士の資格取得のための勉強を続け、二つの老人ホームで施設長としての仕事を務めました。そのうち一つは4施設を運営する比較的大きな会社で、その施設すべての施設長を務めました。そして、その後、木下社長との出会いへとつながっていきました。

職員の真摯な思いに触れて

施設長は純粋にご入居者の誰のことも好きで、「皆様のために最期の安心できる安らぎのある場所を提供したい」と心の底から思っている人でした。そういう人と接し話すと、私の心まで洗われるようでした。

施設長だけではありません。オープン当初の職員の多くは施設長を慕ってついてきてくれた人たちでした。また、職員の募集に応募してきた人は、まずは施設長が面接を行い「この人なら」と施設長が強く推薦する人を私が面接して最終的な採用決定を行いました。みんなすばらしい人たちでした。

オープンと同時にホームページを開設。コンテンツの一つに「職員の声」というブログを設けました。まず最初に私が「ご挨拶」を書きました。

「私が介護事業により深く関わっていこうと決意したのは。専門性の高い介護技術と大きな心と寛容な福祉の精神を有する、施設長や現場の職員たちと知り合うことができたからです。この出会いがなければ、私が介護事業に携わることはなかったかもしれません」

これが正直な私の気持ちでした。

その後、「職員の声」ブログ上では職員が日々の思いを綴ってくれました。

「毎日毎日が勉強です。戸惑いや時にくじけそうになることも……。そんなとき、ご入居者様が掛けてくださる言葉、笑顔……ありがとう。それだけでどれだけ心が救われることか。ご入居者皆さまの心の声を大切にし、自分自身、仕事力、観察力、失敗しても傷つかず、柔らかなコミュニケーション、明るく家庭的な雰囲気づくりなど、自分なりに努力し、日々精進していきたいと思います」

「介護施設とは何か？　そんな思いから勤務をスタートしました。〝医療行為〟のない現場で、私にできることって何だろう……。不安や焦り、何もできない自分に苛立ちを覚える日々のなか、『人を見る、人の心を見るという意味では、介護施設も医療施設も変わらないよ』――そんな声を掛けてくれた仲間がいます。ふと立ち止まって見渡せば、たくさんの〝家族〟の笑顔。願いはただ一つ。『共にありたい』どんなときも。ご入居者の皆様と共に……」

「オープン当時、ご入居者は少なく、掃除や洗濯等を行う用務担当は私一人だったため、とても不安で何をするのも大変でした。しかし、施設長や職員の皆さんにいろいろアドバイスを頂戴しながら仕事を覚えていきました。そして気づいたことは、用務の仕事は、決して私一人ではできないこと、また、やればやるほど奥が深く、大変意義深い仕事であること。しかしもっと大きなこととして楽しく喜びがあること。嬉しいことに、ご入居者の皆様からは『お洗濯、いつもきれいにしていただいてありがとうね』という声を頂戴しています。私たちにも気を使って声を掛けてくださり、元気をいただいている毎日です。感謝、感謝！」

「『昨日はお休みだったの？』――ご入居者にそんな言葉で迎えられる朝……私が今まで

経験した職場とは少し違う環境です。私は介護施設で仕事をするのが初めてです。不安や戸惑いがたくさんありました。だけど、出勤すると必ずご入居者の皆様がいらっしゃる。待っていて下さる……。そのことを思うとほっとします。『介護』に関心を持ちだしたのは一緒に住んでいた祖母に母が付き添うことが多くなった頃です。母は祖母を本当に一生懸命介護していたと思います。そのストレスや、身体的疲労は母の洋服がぶかぶかになったことで感じました。そんなとき、親身になってくださったのがあるケアマネジャーさん。そして、週2回の訪問介護を受けるようになりました。週2回は母も自分の時間が取れるようになり、それまでの母と祖母の関係とはまた違う良い関係ができ上がっていったと思います。『介護』する側が元気で穏やかでいる！　それが『介護』される側も穏やかに過ごせる！　そのように感じたのもその頃でした。ご入居者のご家族が、やさしい笑顔で面会にいらっしゃる。それはご家族の皆様も、ご入居者の皆様も穏やかに過ごされているからだと私は思います。家族はいつまでも、どこにいても家族です。皆様が穏やかに過ごせる環境づくりにこれからも努めていきたいと思います」

「節分も賑やかな豆まきとなりました。ご入居者の皆様も職員も、共に童心に帰り、笑顔溢れる素敵な一日でした。介護のやりがいは、そんな笑顔と笑顔が触れ合うとき。私自身、ご入居者お一人お一人に癒されている気がします。職員みんなでお互いの力を合わせれば、よりすばらしい何かをつくり出すことができる。そんな仲間とのコミュニケーションを大切にしながら、職員全員で頑張っていきたいと思っています。ご入居者の皆様の笑顔一杯の『老人ホーム』に！」

みんなが誇るべき仕事をしてくれた

施設長はじめ職員はすばらしい仕事をしてくれました。多くの職員と関わりを持ち現場で直接話をしたり、「社内報」や「職員ブログ」の中の職員の声を通して、職員の真摯な思いも知りました。

私が経営者として老人ホーム運営に携わった8年間で、亡くなられた方は少なくありません。ご入居者がお亡くなりになられると、何月何日誰々様がお亡くなりになられました、という連絡が現場から届きます。その知らせを受けるとき、果たして亡くなられたご入居者の最期の棲み家として私たちが運営する老人ホームでは何を提供することができたんだろうか、といつも考えていました。

おいしい食事を楽しみ、イベントで大いに笑い、そして明るい職員に囲まれて旅立つことができれば、それは「よかった」と言えるのではないか。もちろん、ご家族に囲まれて、というのが最良の形なのかもしれません。しかし、いろいろな事情でご家族と一緒に住むことができないのであれば、せめて私たちが、安心と安らぎのある時間と場所をご提供できたらと思ってきました。

現場ではご入居者を毎日一生懸命にお世話し、最期の時間は手をずっと握って静かに見送る。本当にみんな素晴らしい仕事をしてくれました。

人間的な成長を実感した8年間

福祉施設の運営は人の命に関わり、人の心の機微に触れる深みのある事業です。確かに経営面ではとても難しい仕事でした。経営上の不安や悩みは、施設長や職員の皆さんから力を借りながら乗り越えることができました。施設長はじめ多くの素晴らしい職員たちと出会うことができ、多くのご入居者の方々と出会うことができ、そして、お一人お一人が歩んでこられた長い長い人生にも触れることができました。

母子家庭の職員や、何らかの家庭の事情を抱えている人が、介護の仕事をこなし、決して高くない給与で、母親の手一つで子供を1人、2人と育てている姿には、頼もしさと逞しさ感じました。

このような、生きていくことの頼もしさや逞しさを、私は自分の子供たちに伝えていきたいと思っています。その姿を自分の人生と照らし合わせながら、思いやりと想像力ある人間に育っていってほしい。そして、助けを求めている人がたくさんいる現実の中で、どうやってその現実を変えていくのか、それを考え続け、解決できる大人になってほしいと思っています。

介護には感動がある

親の介護のために会社を辞めざるをえない。介護に疲れて鬱になってしまった。先の見えない介護が辛くて命を奪ってしまった……。今、介護は、悲劇の元凶のようにしか語られません。確かに大変なことも多い。しかし決してそれだけではありません。介護には感動がある。施設長がよく口にしていた忘れられない言葉があります。

「介護というのは、自分の欠点がどんどん分かる仕事です。毎日が反省。ご入居者やご家族、職員が、いろいろなことを教えてくれます。自分の至らなさがはっきりと分かる仕事です。あのとき、こう言えばよかった、あのときなぜ気遣いができなかったのか——反省の連続です。これでゴールという終わりがありません。だからますます介護が好きになる。自分の欠点をこれほどまでに遠慮なく見せてくれる仕事は他にはあまりないでしょう。自分の欠点に自分で気づくことができます。その繰り返しによって毎日毎日成長し続けていくことができます。だから介護は人を成長させる仕事、喜びのある仕事なんです」

私が出会ったプロフェッショナル介護人。その言葉をいつまでも自分の心のなかに留めておきたいと思うばかりです。

対談：ジャーナリスト 谷本有香×木下博之

感謝の気持ちを伝え合う それが未来をつくる

突然巡ってきた母の介護

木下　谷本さんは、かつて私が勤務していた証券会社時代の同期です。同期といっても、当時私は支店で証券営業一筋。一方、谷本さんは本社の営業企画部所属だったため、直接仕事でご一緒する機会はありませんでした。あえて言うならば、国内外の全支店に向けて経済・株価ニュースを発信する谷本さんの姿を、営業マンの一人として、支店のテレビモニターを通じて見ていた。そんな一方的な関係でしょうか（笑）。その後、お互い勤めていた証券会社は自主廃業。それから10年以上の年月を経て、同期が集まる機会があり、それをきっかけにお互いの近況なども親しく話すようになりました。谷本さんは経済ジャーナリストとして世界を舞台に、これまでにトニー・ブレア氏（元英首相）やハワード・シュルツ氏（スターバックス名誉会長）、スティーブ・ウォズニアック氏（アップル共同創業者）、ポール・クルーグマン氏（ノーベル経済学賞受賞者）をはじめ、優に3000人を超える世界のトップクラスのVIPにインタビューされたり、TVのレギュラーコメンテーターを務められたりしながら、著書も上梓されるなど大活躍されていて、同

期といっても〝雲の上〟の人。日本国内外を駆け巡りながら活躍されている谷本さんですが、献身的にお母様を介護されたご経験もお持ちであることを知りました。それでいて、アグレッシブにお仕事に取り組む姿勢。「その『源泉』はもしかしたらその介護のご経験にもあるのではないか?」。そんな思いで、谷本さんとぜひ「介護」をテーマにお話ししたいと思い、今回お時間を頂戴しました。改めまして、日々本当にお忙しいなか、本日は本当にありがとうございます。早速ですが、お母様のことについてお聞かせいただけますでしょうか?

谷本　いまから5年以上前になりますでしょうか。突然、首から下が一切動かないという難病を発症してしまったんです。本人はもちろんですが、家族・親類を含め、初めてのことに大変な事態になりました。当時私は、0歳児の子育てをしている真っ最中で、それから1年半ほどは毎日3時間かけて母の元に通い、介護を行うことになりました。四肢麻痺という状態ですから介護も非常に大変で、実は当時のことは、苦しすぎてあまり記憶にないんです。毎日どうしていたか、詳しく思い出せない。ただ、本当に辛くて苦しくて、新生児を抱える幸福期の傍ら、死にたいと思い詰めたことが何度もありました。

木下　何事にも前向きなチャレンジ精神で取り組む谷本さんから「死にたい」という言葉が出るとは思いもしませんでした。

谷本　もともと私は非常にポジティブな人間です。大概のことは前向きに乗り越えてきた。その私を死にたいというところまで追い詰める、これは由々しき問題だな、と思いました。日本は、世界のなかでも最も高齢化が進む国でもあります。ということは、私と同じように恐らく多くの方たちが苦しい思いをしているのではないかと思ったのです。なかには本当に死を選んでしまう人もいるかもしれない。ドキッとしました。もしも介護が、人の命を奪うほど辛いものになっているなら、それはこの現状を変えなければならない。当時私は、フリーランスの金融経済ジャーナリストでしたが、介護や医療福祉分野の現状を積極的に取り上げ、問題点を指摘することで現状を変えていけるなら、それをしなければいけないと思ったんです。それは金融経済という、これまでの専門分野を離れ、もっと幅広くジャーナリストとして生きていこうという覚悟を決めた瞬間でもありました。

以来、家族として母の介護に向き合うだけではなく、第三者の視点で、これはこういう制度の不具合に起因するのではないかとか、こういう事態が起きているときはこのルートでこの人に言うべきだなど、いろいろなことが見えてきたんです。それは、介護のまっただ中にある私の救いにもなりました。家族としての介護は辛く重いけれど、第三者の視点で、ここはおかしい、変えるべきだと考えていくという、一段高いところから介護に関わる、いわば介護の「メタ認知」が私の支えとなってくれました。

木下　ご自身のプライベートな介護の経験から、それを超越した大きな世界を見られたんですね。

谷本　ジャーナリストとして活動していたからできた視点の変換だったと思います。幸い母は奇跡的に回復し、今は付ききりで介護をする必要がなくなっていますが、1年半の介護の経験は、私にとって本当に大きなものでした。

介護される人の幸福感の低さ

木下　実際にお母様の介護をされて、今の日本における「介護」のあり方について、どのように思いましたか？

谷本　木下さんはよくご存知のことだと思いますが、介護の現場で働いている方は、皆さん本当にいい方ばかり、家族のように本当によくご対応してくださっています。親族にとっては、本当に救世主のような存在です。自分の親を見るように一生懸命、親身になって介護をしてくださっている。それに対して、ふさわしい待遇と報酬と働く環境が整っていないのです。まずこれが第一です。それから連携ということです。これからは施設での介護から在宅介護へ向かっていくと言われていますが、第一線で働いている人が自宅で親の介護をするということは現実的ではありません。プロの力を借り、ご家族と共に協力していくことが求められています。それは地域連携ということかもしれないし、違う形の新たな連携がでてくるかもしれませんが、横の連携をより密にしていくことが重要だと感じました。まだまだ縦割りになりすぎていて、横につながらない。その結果、被介護者の幸せが削がれていたりするわけです。この壁を壊していくことが必要です。

もう一つ感じたのは、介護はある日突然やって来るということです。よく育児と比較されながら語られることがありますが、私は違うと思います。育児は準備できるけれど、介護は突然やって来るんです。いきなり渦中に投げ込まれて、その状況下で冷静に情報を

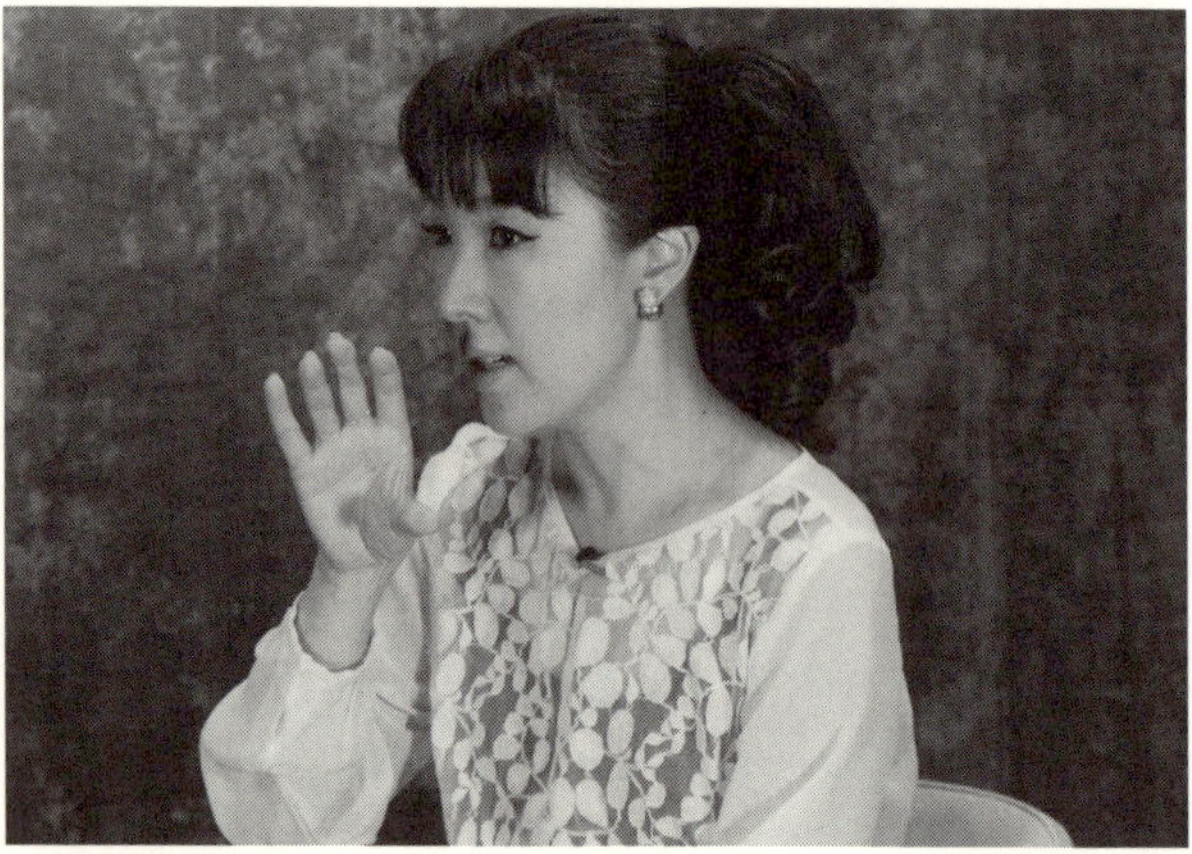

集めるというのはとても大変なんです。そのとき、すぐそばに頼れる人がいる、情報を収集してくれる人がいる、あるいは相談に乗ってくれる人がいると本当に助かります。そういった人をどれだけ見つけることができるかが重要だと思うんです。私の場合、多くの人がそうだと思いますが、まず役所に行きました。ところが、そこでの対応はあまりに残念なものでした。ケアマネジャーさんともお会いしたけれど、たまたま私がお会いした人がそうだったのかもしれませんが、話が通じないことが多かった。仕方がないから自分で調べました。仕事柄、私はそういうことに慣れていますが、それでも介護のただ中ですから非常に大変でした。一方で、ネットを上手く使いこなせない世代など、情報収集さえできない人もいるかもしれません。だとするならば、すぐに必要な情報が届くような仕組みをつくらなければいけないと思いました。誰かが求めたらすぐに答えが発信されるような情報提供の仕組みが必要です。

木下　最初に谷本さんがご指摘された介護職員の待遇・報酬の低さは確かに大きな問題です。介護の現場で働く職員は母子家庭の方も多いのですが、その方々が今の介護制度・

基準のなかで働きながら余裕を持って子育てができるかというと、とても難しいと思います。また、ご自宅でご家族を介護されている方にとって、今必要な情報が速やかかつ適切に提供される情報提供の仕組み。確かに、まだまだ整備されていないし、整備されていくのにはまだ時間がかかるでしょう。でも急がなければならない。そのためにも、縦割りではなく、横のつながり、横の連携がより重要になってきますね。

谷本　本当に深刻な問題です。ただ、その後私が施設の取材を続けてきて、さらに大きな問題だと気づいたことは、入所している皆さんの幸福感の低さでした。私はこのことに愕然とさせられた。施設にいらっしゃる少なくない方が、見ず知らずの私に向かって「どうやったら死ねるの」と真剣に尋ねてこられたんです。そんな不幸な国ってあるだろうかと思いました。それは、介護施設にいらっしゃる方だけではないかもしれない。日本の高齢者の方たち、もっといえば、この国に住まう人たちが、おしなべて持っている虚無感だとしたら、それはとても恐ろしいと思います。その満たされない気持ち、不幸感、孤独感を癒やすことが必要なのではないかと強く思いました。もちろん、そのためにも施設の職員の方は懸命に努力されている。ご家族がなかなか来られない利用者さんにも、やさしく接してくださっている。でも、入居者の方との気持ちの溝が埋まっていないとするならば、その理由の一つは施設で働いている方々があまりにも忙しすぎるからではないでしょうか。一人一人に向き合う優しさを持ち合わせている職員の皆さんに余裕がない。そのためにも介護職員の待遇改善は必要です。この国の一人一人が亡くなる寸前まで、この国に生まれてよかったと思えるような環境は、最終的な〝終の棲家〟で接する人たちや、そのタイミングで出会う人たちが与えてくれるのだと思います。職員の皆さんが気持ちに余裕ができて、例えば、一つでも多く、趣味の野球の話を一緒になってする、若いころの思い出話に楽しく耳を傾ける、その余裕が持てるようになるだけで施設は変わると思います。

木下　ＴＶやネットメディアの発信力は大きいし、しかも谷本さんには外へ向かう大きな影響力がある。そしてご自身も介護を経験されてきた。介護業界を変えるための取材とメッセージ発信を継続していってほしいと切に願います。そして、それが今の日本の介護業界全体の根本的なあり方を変える力になっていくことを信じています。

感謝の連鎖の仕組みをつくる

谷本　私は長い間、金融・経済の世界にいて、どうやって日本を元気にするか、日本経済や景気を浮揚させていくことができるかということをずっと考えてきました。そのトライアルのなかで気づいたのは、金融政策や財政政策で日本が元気になるわけではないということでした。では何かというと、一人一人の気持ちが上がらなければだめだということなんです。目の前の人の気分が上がるようなことに細かく取り組んでいけば、結果的に景気がよくなったり経済が上向きになっていく。私は、献身的に母の面倒を見てくれた何人かの施設職員の方に、個人宛てで「こんなに母を気遣ってくださってありがとう」という感謝の手紙を書きました。すると「今までこんなにうれしい手紙をいただいたことはありません。仕事に向かう大きなモチベーションになりました」というお返事をいただきました。さらにうれしいことに、その後、母の状態が良くなって施設を出た後、その施設の雰囲気がとても良くなったというお話を聞きました。つまり、感謝の力は大きいということです。「あなたはここが良くない、改善してください」ではなく、「こんなにまでしてくれてありがとう」という感謝のポジティブな連鎖の仕組みをつくることで働く人の気持ちが上向き、入所している高齢者の皆さんの気持ちも上がっていく、もちろんご家族もハッピーになっていく、そういうことが起きるのではないかという気がします。待遇改善と同時に、職員の方への感謝の言葉、行動を意識的に波及させていくことが必要なのではないでしょうか。

木下　とても素晴らしいお話ですね。私は、介護施設運営側にいた人間として、待遇や給与面など、介護職員のモチベーションを上げるためにはどうすれば良いのか、常々悩みながら考えてきました。ご入居者やご利用者のご家族からの心のこもった「ありがとう」という一言もまた介護職員のモチベーションをさらに上げる大きな力にもなるということは確かに、その通りだと思います。

谷本　ご家族にも言えることだと思います。被介護者である方に向けて、今の自分があるのはあなたのおかげであるとか、あなたが笑顔でいてくれることが自分の幸せであるとか、感謝や好意の気持ち、愛情を表していくことが必要です。これは自戒を込めて思うところです。それが不十分であることも、高齢者の方の不幸感、孤独感が大きくなってしまっている一因ではないでしょうか。介護される人が増えるということは、その数だけ心優しい人が増えていくこと、優しさに気づかされる人が増えるということです。そう思うと日本は捨てたもんじゃない。そして、その優しさは必ずいろいろな場面で発揮されていきます。そういう意味では、日本は今、新しい方向に向かって歩き出すターニングポイントに立っているといえると思います。

木下　谷本さんのおっしゃる通りだと思います。感謝の気持ちを伝えること。これは、介護の世界だけではなく、どの業界・世界にも通じることですね。会社という組織を考えてみると、日本の多くの会社・組織はトップダウンで動いています。その一方で、フラットな会社・組織も増えてきています。そのような流れのなかで求められることは、横のつながりの重要性。だからこそ、相手に対するリスペクトや感謝の気持ち、相手を思いやる気持ちがより一層求められる時代になっていくんでしょうね。

谷本　そのことを今端的に示しているのが介護の世界ではないでしょうか。

介護から日本は変わる

谷本　最近、世界のアントレプレナー（起業家）のトップを選出するというイベントがモナコで開かれ、私も取材者として参加したのですが、各国から選ばれたアントレプレナーたちは一様に「自分たちは起業家ではない。社会起業家である」と言うんです。でも利益を出さなければだめでしょうと言うと、そんな考えは時代遅れだ、と。どれだけ社会的なインパクトが残せるかということを愚直に追求していけば、利益は後から必ず付いてくると言うんです。従業員を家族のように感じているのもそうです。私ははっとしました。

考えてみると、彼らの取り組みは、ある意味では日本的経営と呼ばれてきたものです。かつての日本は、従業員だけでなくその家族、クライアント、あらゆるステークホルダー（利害関係者）と共に豊かな社会をつくっていこうと考えていました。実は今盛んに言われているポスト資本主義というのは、そういうところにあるのではないか。それが未来の形であるとするなら、私たちはそれを目指していくべきだと思うのです。介護業界は、その先頭に立つ大きな可能性を持っているのではないかと思います。

木下　その実現のために必要なことは、谷本さんらしい「ポジティブ」な感謝の気持ちの連鎖ですね。

谷本　一人一人の気持ちの使い方で社会は変えていくことができる。そのことを私は介護の世界で学びました。誰もがこの国に生まれてよかったと思い、誰もが幸せを感じることができるような日本の社会づくりに貢献することが、ジャーナリストとしての私の使命だと感じています。

木下　谷本さんと私。それぞれ活動の場は違いますが、日本の未来のためにこれからも力を尽くしていきたいですね。今の時代を生きていることへの「感謝」の気持ちを忘れずに。谷本さんのメッセージが一人でも多くの心に届くことを祈って。日々本当にお忙しいなか、本日は誠にありがとうございました。

谷本有香（たにもとゆか）　プロフィール

「フォーブスジャパン」副編集長

証券会社、Bloomberg TVで金融経済アンカーを務めた後、2004年に米国でMBAを取得。2011年以降はフリーのジャーナリストに。これまでに、トニー・ブレア氏（元英首相）をはじめ、1000人を超える世界のVIPにインタビューした実績を持つ。著書に『アクティブリスニング なぜかうまくいく人の「聞く」技術』（ダイヤモンド社）、『世界トップリーダー1000人が実践する時間術』（KADOKAWA）、『何もしなくても人がついてくるリーダーの習慣』（SBクリエイティブ）など。

おわりに――本当に幸せな8年間

布施　君江

私は東京の下町で生まれ、一度も東京を出ることなく、下町で育ちました。6人兄弟で上に姉がひとり。私は次女でした。幼い頃はちょうど戦後の復興期でしたから、どの家も貧しく、ご近所同士、助け合いながらの毎日です。わが家でも、お隣にお醤油やお味噌を借りに行くということがよくありました。そんなときは、いつも私の出番です。兄弟が皆、お使いを嫌がったからです。それを知ったうえのことなのか、母はいつも私に向かって「ちょっとお隣でお醤油を借りてきて頂戴」などと言いつけました。実は私は、それが嫌ではなかったんです。お隣にお願いし、貸していただいて家に戻ると、母が本当にうれしそうに「ありがとう!」と言ってくれる。その明るい表情と弾んだ声を聞くのが大好きでした。

当時は物のない時代です。家族が熱を出して寝こんだときは、額に氷で冷やした手ぬぐいを乗せたものです。もちろん、氷は身近にありません。ある日母が熱を出したときも、氷を手に入れるため、私は夜道を20分ほど歩きました。重い氷によろけて何度も転び、脚から血を流しながら、半分溶けてしまった氷を必死に持ち帰ったことを覚えています。その時も父が「大変だったろう。ご苦労さん」と言ってくれた、それが嬉しくてなりませんでした。

「みんなで力を合わせなければ、この時代は生き抜いていけない」と、父はいつも言っていましたが、人の喜ぶ顔を見たり、「助かった、ありがとう」という声を聞いたりすることに、自分でも変だと思うくらい感動する私がいました。私は辛いことを進んで引き受け、人を助けて生きて行くことが心地よくて、やがて介護の仕事をしたいと思うようになるのも、自然の流れだったのかもしれません。

しかし、すぐに介護の仕事に就くことはできませんでした。社会人として最初の就職は商社です。配属は経理部門でした。そこで6年ほど働いて間もなく結婚。その後は主婦として、2人の子供の子育てと夫の世話に明け暮れました。「いつかは介護の仕事に」という気持ちは変わらず持ち続けていましたが、子供たちが独り立ちするまでは、しっかり家庭を守ろうと心に決めていました。

今でもよく覚えています。家族や親戚が集まって、下の子の成人式のお祝いをささやかに催した席でした。その場で私は「今日で一区切りがつきました。私は以前から介護の仕事をしたいと思っていたので、これからはその道に進みます」と宣言したのです。子供たちも「自分たちのことは心配しないで。これからはお母さんの思うように、好きなことを思い切りやってほしい」と言ってくれました。これまでは「しっかり家庭を守ってほしい」と言っていた主人も、私の決断を受け入れてくれました。

まずヘルパーの資格が要ります。下町育ちで、せっかちな性分の私は、翌日には学校に願書を出していました。その時はもう40代の後半でしたが、歳は関係ありません。いよいよ私の青春の始まりでした。

千葉の自宅から都内の学校に通って資格を取り、早速、ある介護施設で働き始めました。仕事に就いて2カ月くらい経った頃です。ヘルパーの職員全員に介護施設の仕事に関するレポートの提出が求められました。その後しばらくすると、新設する介護施設の施設長の仕事を任せたいと言われました。レポートは現場責任者の選抜のためだったようです。まだ現場での経験も浅かったのですが、新しいことが学べると考え、即座に「有難く、やらせていただきます」とお答えしました。そこで3年半ほど働きながら、次は介護福祉士の資格取得に挑戦しようと思い、寸暇を惜しんで猛勉強をして学科・実技の両試験に合格。目標の資格を取ることができました。

その頃です。介護の仕事の現場で一度だけお目にかかったことのある介護施設運営会社の責任者の方が、「新たに介護施設の立ち上げの計画がある。施設長としてやってみないか」と誘ってくださいました。なぜ私に声を掛けていただいたのかは分かりませんでしたが、私はなんでも「やってみよう」とすぐに決断するほうです。このときも二つ返事でお受けしました。そこには7年間在籍し、合わせて4つの介護施設の施設長を兼務しながら、多くのことを学びました。やりたかった介護の仕事の現場で、日々多くのことを学ぶ、とても充実した毎日でした。そのなかで、私ならこういう介護をしたい、こんな介護施設にしたいという具体的な思いも抱き始めました。ちょうどそのときに、また新しいチャンスをいただくことができたのです。

再び先の介護施設運営会社の責任者の方が、ある若い経営者が新たに介護施設の事業をスタートさせようとしている。この業界は未経験なので、現場を託せる信頼できる施設長候補者を探している、というお話を紹介してくださいました。いつもの調子で「やってみます」と、すぐにお引き受けしたのですが、その若き経営者こそ、本書の著者の木下社長でした。

木下社長は細かく経営に目を配りながら、しかし、業績や利益だけに偏るのではなく、初めて経験される介護事業について、それがどういう事業であり、どうあるべきかということを、真正面から考えていらっしゃいました。そして、経営者と施設長がどういう役割分担で各々の仕事に臨むべきかを考え、現場を信頼し、多くのことを任せてくださいました。「信じてほしかったら、まず自分が相手を信じる」というのが私のモットーです。私は木下社長を信じ、また、信じていただけるように行動し、そして、木下社長も私や現場職員を信じてくださった。だからこそ実現した理想的な二人三脚だったと思います。

毎朝、仕事に行くのが楽しみでした。20年以上の介護の仕事を通して得た、私なりの理想の介護。もちろん完璧ではありませんが、木下社長との二人三脚で、私が理想とする介護に大きく近づくことができたのではないかと思っています。介護を「天職」と考えてきた私にとって、これほど幸せなことはありません。

改めて思うのは、人と人の出会いの大切さです。木下社長、一緒に仕事をした職員のみなさん、そしてご入居者やご家族の皆さま、そのお一人お一人との出会いがなければ、私の幸せな8年間はありませんでした。

全力投球が続く毎日でしたが、年齢を重ねるに従い、自分の体力の衰えも感じ始めていました。このままでは施設長としての責任を全うすることができないのではないかと思い、長い時間をかけながら何度も木下社長と相談しながら、介護職の第一線を退くことにしました。今は自宅で趣味の陶芸を楽しんだり、地元の福祉計画作成委員の一人として会議に出席させていただいたり、民生委員のお手伝いで、独居のご高齢者を訪ねてお話しする日を楽しんでいます。陶芸はまだ素人同然ですが、たまたま自宅のすぐ目の前に特別養護老人ホームが開設されたので、ご入居者の皆様全員にお湯飲み茶碗をプレゼントすることを目標に製作に励んでいます。戦後間もなく、父が戦災で孤児となった子供達に下駄をつくってプレゼントしていた、そのことを思い出します。少しだけですが、父に近づくことができるような気もします。

介護は素晴らしい仕事です。ご高齢者お一人お一人の人生の晩年を、心穏やかなものにして差し上げることができます。人と人が手を携え、補い合い、感謝し合って生きていく、その大切さを改めて教えてくれる仕事であり、自分の未熟さを知り、もっと心豊かな人間にならなければと、気づかせてくれる仕事です。現在介護職に従事されている方やこれから介護という仕事に従事してみたいと考えていらっしゃる方。また、ご自宅などでご両親や配偶者を介護されている方。皆様方にとって、本書における私の拙い言葉が励みになり、力になれれば、とても嬉しく思います。

皆さん、幸せな8年間を、本当にありがとうございました。

あとがき

人と人とが出会い、分かり合い、信頼し合い、そして、いつかある別れ。時間を重ねながら人として成長していくこと。それが人生の楽しみでもある一方で、その過程においては、自分の弱さや欠点も見えてくる故、それが時として辛い経験にもなります。

人は何のために生きているのか。

永遠に繰り返されるこの質問に対する「答え」は、自分自身でしか得られないもの。時に、その「答え」は突然に目の前に現れます。しかし、その「答え」は一つとして同じものはなく、一人一人が手にする「答え」は本人にしか知ることができません。

本書を手に取り読まれる方は、日々奮闘しながら介護の仕事をしている方かもしれません。介護の仕事に興味があり、新しい仕事としてチャレンジしようかどうか迷っている方かもしれません。あるいは、親御さんのために、どこか良い介護施設はないか、介護サービスはないか探していらっしゃる方かもしれません。またあるいは、仕事として介護に従事していなくても、ご自宅などでご家族の介護をしている方かもしれません。

超高齢化が進む日本において、介護ニーズはこれからも益々高まっていきます。にもかかわらず、決して人気のある業界とは言えない介護業界。人材が集まらない、育たないのが介護業界。「4K職場」というイメージが払拭できないのが介護業界。そんなイメージを持たれる方も多いと思います。実際に、私も経営者として老人ホームの運営に携わるまでは、そんな先入観を持つ人間の一人でした。しかし、仕事を通じて私が出会った「プロフェッショナル介護人」たちの姿は、私がイメージし想像していたものとは大きく異なるものでした。

プロフェッショナル意識の高い彼ら彼女たちは、人と人とが心から触れ合う仕事である介護の仕事に魅力と喜びを感じ、やりがいを持って働いている人たちでした。人生の最晩年の時を過ごすご高齢者に安心と安らぎのある暮らしをお届けし、そして平安な心で旅立ちの日を迎えられるようにしようといつも考えている人たちでした。「ありがとう、私はとっても幸せだったよ」という気持ちで旅立つ場面において、ご高齢者の手を握り抱きしめそっと寄り添うとても心豊かな人たちでした。「介護は未来ある素晴らしい仕事」「介護は自らを成長させるやりがいのある仕事」と信じ、仕事をしている人たちでした。そして、「プロフェショナル介護人」は誰もが迎える「その旅立ちの日」のために自分の心と体をコントロールしながら、今も日夜関係なくご高齢者に寄り添い続けています。

ある時、私の母の年齢に近い布施施設長から「木下社長、私の体力の限界もそろそろ近づいてきているように感じます。そろそろ引退も……」という話が出てきたとき、予想してはいたものの、いよいよその日がやってきたか、というショックを隠すことはできませんでした。「いよいよ、私が慕い続けたプロフェッショナル介護人とのお別れの日が近づいてきている」。だとすれば、どのような形で引退の花道を歩ませてあげることができるのか。引退の相談があった日から数年もの間、常にそのことを考え続けていました。そして、訪れた別れの日。

しかし、「プロフェッショナル介護人」の姿や思い、生き方を形に残すことができれば、一人でも多くの方に知ってもらうことはできる。また、施設長の下で育ち、巣立って行った「プロフェッショナル介護人」たちの姿や思いも。いや、絶対に知ってもらいたい、伝えたい。その強い気持ちが私自身を揺り動かし、本書の執筆に至りました。また、「プロフェッショナル介護人」は介護の現場で働く人たちだけではありません。本書で対談させて頂いた谷本さんもまた、仕事や子育てと両立させながら、お母様の介護をされてきた「プロフェッショナル介護人」です。

これからの日本において、介護の知識と技術を備え、人間味溢れる「プロフェッショナル介護人」はますます求められる存在になっていくでしょう。本書が、今、介護現場で奮闘する人たちへのエールとなり、また、これから介護業界へ飛び込んでくる人たちの力になることを、そしてまた、今現在ご自宅で、ご両親や配偶者、ご家族の介護を行っている方々に、介護の尊さと素晴らしさをお伝えすることができれば、これに勝る喜びはありません。

最後に、執筆に際し多大なる協力を頂いた布施君江さん、介護理念を共有しながら共に同じ道を歩んでくれた職員の皆様、壮絶な介護体験を共有してくれた友人・知人の皆様、そしてそれらを形にしてくれた幻冬舎グループの皆様に心より感謝の気持ちを送ります。

私の子供たちをはじめとし、次の時代を生き、未来の日本を築いていく人々にとって、一つの指針となる書籍になることを願いつつ。

遺言動画サービス～『つたえる』のリリースに向けて

本書にも登場しますが、経営者として老人ホームの運営に携わってきたなかで、ご入居者の遺言や相続など、旅立たれる前、そして、旅立たれた後の重要な出来事に立ち会い、ご協力させていただく機会が決して少なくありませんでした。

施設長や職員は、ご入居者が旅立たれるとき、手を握りしめ、抱きしめ語り掛けます。「ありがとう」と。それが私たちの大切な役割でした。

それぞれのご家庭の事情により、良好な家族関係を築くことができている方もいらっしゃれば、そうでない方もいらっしゃいました。各々の事情を汲みしながら、ご家族の代わりを担うのが私たちの重要な役割でした。

覚悟を持って自らの最期を迎えるうえで、血のつながった肉親である家族に対しては、自らが歩んできた道のりやその過程で思ったことや感じたこと、考えたことを伝えておきたいと思うご入居者が多くいらっしゃいました。あるいは、伝えたいけど、直接顔を見て伝えることができない。そんな家族事情や内容もありました。ただ、私たちがご入居者の思いを受け止め、それを全てそのままご家族に伝えるには限界がありました。

どのような家族関係の状態であろうとも、肉親であるご家族の方々に対して直接「思いを伝える」方法はないだろうか、と模索しながら考えたこと。それは、ご高齢の方ご自身の思いを動画に記録し、それを旅立たれた後にご家族の方々に見てもらい「思いを伝える」こと。ただ「思いを伝える」動画サービスは幾つかあります。私がこだわり続けたことは、生前には決してその動画の存在はご家族には知らされないこと。旅立たれた後に家族全員が集まり、その場で動画が初めて公開され、親御さんが家族一人一人に思いを語り掛ける姿が記録されている動画を観る。「同じ場所で」「同じ時間に」家族全員が観ることで親御さんの思いを家族全員で共有すること。

そんなサービスの提供はできないだろうか。いろいろな方に貴重なご意見をもらいながら、試行錯誤しながらモデルを考え、「遺言動画サービス」として特許出願しました。「はじめに」でも述べた通り、私は現在介護施設の運営には携わっていません。しかし、ご高齢者やご家族の皆様にずっと寄り添っていきたいという強い気持ちは今も変わることはありません。「遺言動画サービス」は、その強い気持ちから生まれたものです。このサービスを通じ、超高齢化社会を進む日本の社会に少しでも貢献できれば、と思っています。

「プロフェッショナル介護人」たちに負けないよう、そして、お互いに切磋琢磨しながら。

＊特許出願中の「遺言動画サービス」は、今秋頃よりサービス名『つたえる』としてご提供できるよう準備を進めています。『つたえる』サイト（https://tsutaeru.info/）にて掲載していく予定です。

木下　博之

平成30年7月吉日

木下 博之（きのしたひろゆき）

1970年生まれ。大阪府大阪市出身。慶應義塾大学卒業後、山一證券株式会社入社。会社自主廃業後、米国ジョージタウン大学ビジネス・スクール留学を経て、外資系投資銀行勤務。その後、不動産アセットマネジメント会社勤務を経て、2008年本書の執筆協力者でもある布施君江との出会いをきっかけに老人ホーム運営会社を設立し、代表取締役就任。現在は太閤木下建設株式会社代表取締役副社長として、金融的視点も交えた総合的な不動産・建設業務に携わりながら、国内外含めた新規事業の開拓に取り組む。

布施 君江（ふせ きみえ）：執筆協力者

1942年生まれ。東京都出身。高校卒業後、株式会社丸紅入社。営業経理部に所属。結婚を機に退職。その後2人の息子に恵まれ、専業主婦として子育てに専念する。次男が20歳になった時をきっかけに学校に通いヘルパー資格を取得。1994年念願であった介護の仕事を始める。介護福祉士や介護支援専門員の資格も取得しながら、複数の介護施設において20年余りを現場責任者としての仕事に従事し、2016年に引退。現在は、千葉県の外房の海を眺めながら趣味の陶芸を楽しんでいる。

プロフェッショナル介護人

二〇一八年七月二七日　第一刷発行

著　者　木下博之
発行人　久保田貴幸
発行元　株式会社　幻冬舎メディアコンサルティング
〒一五一-〇〇五一　東京都渋谷区千駄ヶ谷四-九-七
電話〇三-五四一一-六四四〇（編集）
発売元　株式会社　幻冬舎
〒一五一-〇〇五一　東京都渋谷区千駄ヶ谷四-九-七
電話〇三-五四一一-六二二二（営業）
装　丁　幻冬舎デザインプロ
印刷・製本　シナノ書籍印刷株式会社

検印廃止

Printed in Japan　ISBN978-4-344-91651-7　C0036
幻冬舎メディアコンサルティングＨＰ　http://www.gentosha-mc.com/